新 将命
Masami Atarashi

仕事と人生を劇的に変える100の言葉

Change your world with words.

はじめに

この本で紹介している100の言葉は、私のこれまでの人生の中で、迷ったとき、悩んだとき、困難に直面したときに、私を励まし背中を押してくれた言葉である。それも借り物ではなく、ほとんどが私の「手づくり」の言葉である。

人が真理を発見したとき、言葉が生まれる。「事業の目的は顧客の創造である」（ピーター・F・ドラッカー）、「組織は戦略に従う」（アルフレッド・D・チャンドラーJr.）など、マネジメントの世界の真理、すなわち原理原則はこうした短い言葉に凝縮されている。また、真理を表わす言葉は数式という形で示されることもある。$E=mc^2$（アルベルト・アインシュタインの特殊相対性理論）、$F=ma$（アイザック・ニュートンの運動法則）は、我々の生きるこの世界の現象をシンプルな数式で表わしている。

こうした言葉は名言・格言・箴言《しんげん》などと呼ばれ、数式は定理、法則と称せられる。

これらの言葉は、単なる想像の産物ではない。真理や原理原則とともに、すべて発見された言葉である。私の100の言葉も、私が自分の（いくどかの失敗や挫折を含む）体験を通して発見したものばかりである。私が物事の原理原則を発見、または、確認、再認識したときに頭に浮かんだ言葉だ。

この本に書いてある原理原則とは、広義の「経営」の原理原則である。経営とは、ビジネスでいう会社のマネジメントのことだけではない。私は、人生をマネジメントすることも、また経営であると考えている。つまり、この本では読者の心に火を点《とも》し、ビジネスと人生を輝かしい成功に導くための100の言葉を紹介しているのである。

古来、言葉には不思議な力があると考えられていた。日本では、言葉の持つ不思議な力を言霊《ことだま》といった。日本だけでなく、言葉を口にすることで、言葉どおりのことが起きるという寓話《ぐうわ》は世界各国に存在する。

こうした考え方は、一見、非論理的に響くかもしれないが、一概にそうとばかり決め付けることはできない。心理学では「予言効果」「宣言効果」と呼ばれる言葉の力が認められている。自分の目標を、できる、できると思い続け、言葉に出し続けることで実現性が高まるという傾向は確かにある。また、多くの人の前で宣言することでも、目標の達成率が上がるといわれている。

神秘学にも、心理学にも、特に関心を持つことなく普通の生活を送っている我々でも、日常的に言葉によって背中を押されたり、啓発されたり、インスパイアされたり、ときには慰められたりしている。ごく稀には、自分が言ったとおりのことが起きることさえある。ドイツの文豪・ゲーテは「人は結局思ったとおりの自分になる」と唱えている。

何かを思って言葉にすると、人は言葉どおりの人間になるということだ。

自分が発見した、あるいは確認や再確認した言葉を強く信じることで、それらの言葉はやがて自分の信念や信条へと昇華する。ひいては、自分の考え方や行動の規範となり、ときとして起爆剤とさえなるのだ。

言葉は、行動を決めるのである。

漠然と成功したい、望みがかなえば幸せだと考えていても、それだけでは実現はおぼつかない。

私は、32歳のときに45歳までには経営職に就いて腕を振るいたいという目標を立てた。その後、40代で社長職に就いた原点には、この目標があったことは間違いない。夢を実現するためには、夢を時限設定（デッドライン）のある目標に転換することが肝要である。

しかし、言葉の力が、常に正しい方向に働くとは限らない。

言霊も、正しい言葉に魂を込めれば、よい結果を招くし、間違った言葉に魂を込めれば、悪い結果を生むこととなる。経営の原理原則や人生の真理といえども、語る言葉を間違えれば、望ましい効果は期待できない。

三百代言《さんびゃくだいげん》の言葉では、いくら繰り返しても正しい結果を導くことはなく、徒《いたずら》に時間とエネルギーを浪費するだけである。そもそも詭弁《きべん》や虚言《きょげん》に、正しい魂など込められるはずもない。我々は、心して正しい言葉を選び、正しく使うことを心がけるべきなのである。

正しい言葉を正しく使うには、言葉の意味するところを正しく理解することが大事となる。そこで、本書では、多少くどくなるのは承知のうえで、あえて一つ一つの言葉に解説を加えている。言葉の真意を勘違いしたままでは、目指すゴールには永遠にたどり着けないからだ。

成功には法則がある。

「成功している会社は、なぜ成功しているのか。成功するようにやっているからだ。失敗している会社は、なぜ失敗しているのか。失敗するようにやっているからだ」と松下幸之助氏が言ったとおり、人生の場合も成功する言葉を信じて日常の行動に落とし込んでいれば、自ずと成功の確率は高まるし、失敗する言葉を使えば、どんなに本人が頑張っても失敗を免《まぬが》れない。

この本で取り上げた100の言葉は、私が自分の経験の中で発見し、磨き上げ、効果を実証してきた言葉である。

私のビジネス人生は、すでに50年を超える。

私が人生の経営で何度も迷ったように、正常な神経の持ち主ならば、多くの人も迷う。私が何度か難しい決断を迫られたように、多くの人にも、否応《いやおう》なく決断を強いられるときが必ず来る。私が失意のときに励まされ、そして救われた言葉があったように、多くの人もまた失意のときに救いの言葉を求めるだろう。

私が、これまで難局を乗り越える度に糧としてきた100の言葉は、これから社会の大海原に漕ぎ出そうという人や、すでに社会をリードする立場にある人たちの人生の経営にとって、きっと役に立つものと望み、そして信じている。

平成28年7月　新　将命

CONTENTS

第3章 結果を出す20の言葉

第4章　優れたリーダーになる20の言葉

第5章　人間力を高める20の言葉

第1章 自分を磨く20の言葉

Change your world with words.

01/100
A HUNDRED WORDS

「問題」は自分のもの。「解決」も自分のもの。

「四人の物語」という短文がある。原文は英語だ。

「みんながやるべき大事な仕事があった。きっと誰かがやるだろうと、みんなが思った。誰でもできたのに、誰もやらなかった。みんなの仕事なのに、と誰かが怒った。誰でもできたことだった、とみんなが思った。しかし、誰もやらないとは誰も考えなかった。誰かに頼んだ人は、誰もいなかった。最後には、みんなが誰かのせいにした」

問題があることを認識していても、その問題が自分のものであるという当事者意識がなければ、その人は何の役にも立たない。問題を他人事と考える人間は、解決案を自ら模索せずに他人事と考える。すべてにおいて「他所《よそ》ごと、人ごと、他人ごと」という精神構造の持ち主であり、他責人間である。

問題を自分のことと考える人間は、解決案を実行することにも、その結果についても自分のことと考える。私は、こういう人を「自責人間」と呼んでいる。

経営者やリーダーは、自責人間でなければならないのは当然のことだ。変化を起こすプロセスでは、最初に問題を発見し、次にその問題を解決するというステップを踏むのが常道である。他責人間ばかりの集団では、変化を起こすどころか問題を発見することさえ難しい。

「自責」とは、当事者意識である。コミットメントと言い換えることもできる。「ハムエッグにおいて、鶏は参加しているだけだが、豚はコミットしている」というアメリカ人の好きなジョークがある。鶏は卵を産んで「あとはよろしく」だが、豚は身体を懸けているということだ。会社に必要なのは鶏社員ではない。豚社員である（豚《トン》でもない！　などというなかれ）。

「やるのはあなたたち、だから頑張って」では、誰も本気で問題の解決に取り組もうとは思わない。私は社内で起きるいかなる問題も自分のものと考え、誰かに敢行を指示したら、実行責任（レスポンシビリティ）はとことん任せるように務めたが、結果に対する責任（アカウンタビリティ）は自ら負った。究極の自責とは、「電信柱が高いのも、郵便ポストが赤いのも、みんな私がわるいのよ」という考え方である。

02/100
A HUNDRED WORDS

ダイヤモンドはダイヤモンドで磨かれ、人は人により磨かれる。

硬度の高いダイヤモンドは、普通の鑢《やすり》では削れない。ダイヤモンドは、同じ硬度のダイヤモンドでしか磨けない。同様に、人を磨くのも人しかいない。

自分を磨くには、自分よりも硬度ならぬ高度（人間としてのレベル）の高い友人や、欲をいえばメンター（人生の師）を持つことである。優れたメンターを三人持てば、自分の人生は劇的に変わる。

作家の吉川英治氏は「われ以外みな師」という言葉を残している。しかし、すべての人に学ぶためには、どんな人からでも、そのよい点を見付けることができる謙虚さと、人を見る目が求められる。見る目がないと、そもそも何を学んでよいかがわからず、下手をすると学ぶべきでないことを学んでしまう恐れがある。自分よりも優れた高品質の人を見極める目が必要なのである。

では、よい人を見分けるにはどうすればよいか。

参考までに私の考えを述べよう。付き合うべき人の条件は、運のよい人、学べる人だ。学べる人とは、何らかの分野で経験と実績のある人、人として尊敬できる人、そして本人が今なお学び続けている人である。逆に遠ざけた方がよい人とは、ウソを吐《つ》く人、自分をことさらに立派に見せようと虚勢を張る人だ。だいたい、自分で自分のことを立派と言う人には怪しい人が多い。人間としては贋物《がんぶつ》（にせもの）である。

なるべく多くの人と出会えば、それだけよい人に出会うチャンスも増える。

地方の中小企業の経営者で、雑誌や本を読んでこの人に会いたいと思ったら、時間をつくって直接会いに行く人がいる。アポなしである。いささか非礼ではあるが、学びたいという本人の素直な志が通じるのだろう。不思議なことに、いきなり訪問しても断られることは少ないそうだ。

明治の実業家、渋沢栄一氏は晩年まで面会を求める人には、時間の許す限り会ったという。私も、会いたいという人には可能な限り会っている。多くの場合、「磨かれ感」を実感することができた。

03/100
A HUNDRED WORDS

とりあえずYESの人と、とりあえずNOの人の違い。

世の中の人は、とりあえずYES派と、とりあえずNO派に分かれる。

私は、とりあえずYES派である。なにごとも肯定的に捉え、少しでも成功の可能性の方が失敗の可能性より高ければ、とりあえずチャレンジすることにしている。

ただし、次の場合は、はっきりNOと言っている。明らかに失敗の可能性の方が高いこと、違法なこと、人の道に反すること、YESと言ったらウソになること、自分の信念・信条に反することである。

この五つに抵触《ていしょく》しない限り、基本的に私はYESの立場を取っている。

一方、世の中には石橋を叩いても渡らない、なにごとに対しても慎重で、否定する理由を探し出すことに卓越した能力を発揮する、筋金入りのNO派の人もいる。YES派、NO派、どちらがよいかという質問に「ザ・正解」はない。慎重であることが大切なときもあるからだ。だが、慎重に石橋を叩くばかりでは橋は渡れない。

慎重居士《しんちょうこじ》であるNO派は失敗が少ない。が、失敗しない人は成功もしない。

反面、とりあえずYES派は失敗をするかもしれない。しかし、最終的には成功する。なぜなら、肯定思考のYES派はどんなに失敗しても、次はうまく行く、次はできると、成功するまであきらめずチャレンジを続けるからだ。「ものごとがうまく運ばないとき、匙《さじ》を投げたくなったときには、〝あきらめない！〟という妙薬がある」という名言もある。

サントリーの創業者・鳥井信治郎氏も、とりあえずYES派の代表だろう。氏は「やってみなはれ。やらなわからしまへんで」という有名な言葉を残している。

名経営者には、とりあえずYES派が多いといってよいだろう。

慎重さを第一とする銀行マンには、わずかにYES派のトップはいるものの、やはり前例がないとやらない「お役所仕事」体質のNO派が多い。ベンチャー企業家は、例外なくYES派であるといってよいだろう。

人は、YES派のリーダーの方に集まってくる。また、部下の話を聴くときもとりあえずYESが基本である。とりあえずNOが口ぐせの人は、今日からYESに改めるべきだ。それで人生が変わってくる。

04/100

A HUNDRED WORDS

左遷・降格はよいチャンス！

人生には挫折するときもあれば、不遇のときもある。終始一貫、右肩上がりの人生を送る人などあり得ない。誰でも何度かは転ぶものだ。だが、その中で成功した人というのは、例外なく人生の逆境を何度も乗り越えてきた人である。

私は、28歳という比較的若いときに管理職に就いたが、一度、課長から平社員に降格されたことがあった。降格はショックだったが、当時、私淑《ししゅく》（尊敬）していた人からのアドバイスもあり、ほどなく立ち直ることができた。

今でいうところの復元（レジリエンス）のための知恵を授けてもらったのだ。やったことは、ただ一つ。とことんポジティブに仕事に取り組むことだった。

降格された後は、朝は誰よりも早く出社し、どんな仕事でも明るく積極的かつ主体的にこなし、ミーティングで発言する機会もぐんと増やした。ＡＴＭ（明るく楽しく前向きに）を実践したのである。

つまり、すべてにおいて降格される前よりもポジティブに行動したのである。降格にクサることなく、以前よりも明るく楽しく、積極的に仕事をする私を見て、周囲は「いったいどうしたんだ？」「あいつは降格されたんじゃないのか？」と不思議がった。私の態度は、とても降格された人のそれではなかったのだから、周囲の驚きは当然だろう。降格から立ち直って元の状態に復する、いわゆる復元であれば普通のことだが、私は元の状態を超えた「超元」状態だったのだ。

レジリエンスの極意は、元に戻るのではなく元を超えることである。

逆境はその人の真価を問い、またステップアップのきっかけともなる。

私は降格から半年で元の課長職に昇格したが、もしも降格にクサり、降格させた上司や人事に恨みを抱くだけであったら、昇格のチャンスはずっと遠のいたことだろう。

一流のスポーツマンは「勝つこともあれば負けることもある。それがスポーツだ」と言う。ビジネスも人生も同様だ。負けたことを悔やむよりも、今まで以上にやることはないかと、常に考え続けるのが一流の人だと言える。

05/100
A HUNDRED WORDS

将来の成功を妨げる最大の敵は過去の成功である。

〝Revenge of Success（成功の復讐）〟という言葉がある。

過去の成功体験にとらわれ、時代や環境が変わっても、過去に成功したやり方にこだわって、変化に対応できない状態のことを言う。過去に成功したことが、かえって仇《あだ》となってしまっているのだ。

こういうことはビジネスでは珍しくない。

企業が過去に成長を遂げたのは、そのときには正しいやり方をしていたためだが、それが現在でも正しいこととして通用するとは限らない。理由は至極明瞭で簡単。経営を取り囲む環境が変わるからである。

失速し、墜落寸前であったＪＡＬ（日本航空）は、稲盛和夫氏が経営のトップに就き、思い切った改革を実行することで再建がかなった。

ＪＡＬは、誕生したときからナショナル・フラッグ・キャリアのエアラインであり、長らく航空業界ナンバーワンの座に君臨していたため、社員のプライドも高く、自分たちだけではなかなか過去の栄光を捨てられなかった。

航空業界の再編でＪＡＳ（日本エアシステム）と統合したとき、ＪＡＳよりもコスト高であってもすべてのシステムをＪＡＬのシステムで統一し、その結果、浮上のための統合であったのに、経営状況はますます悪くなった。

そして、稲盛和夫氏という強力で権威あるリーダーを迎えるまで、ＪＡＬはずっと変わることのできないまま、はるかなる過去の成功に復讐され続けていたのである。


成功に復讐されないためには、どうすればよいだろうか。一つは現状を冷静かつ客観的に見て、本当に過去のやり方のままでよいかを判断することである。

ただ、経営者自身が過去の成功の体験者である場合、なかなか客観的になれないものだ。そこでもう一つの方法がある。他人の諫言《かんげん》、苦言、忠言に耳を傾けることである。耳の痛いことを言う人を大事にすることこそが、成功から復讐される危険を防ぐのである。

06/100
A HUNDRED WORDS

正しい満足(Satisfaction)と悪い満足(Complacency)。

満足には二種類ある。

それは正しい満足(Satisfaction)と悪い満足(Complacency)だ。

顧客満足、社員満足など、ビジネスでは「満足」という言葉は重要な意味で使われることが多い。しかし、満足という言葉の意味を掘り下げて考えてみる必要がある。

悪い満足(Complacency)とは「安易な現状肯定」である。「悪い」を別の言葉で言うと「まあ、こんなものだろう」であり、「まあええやんか」である。

会社の業績は悪いが、環境が悪化しているのだから「仕方がない」、本当は職場に不満はあるが、他に働く場所もないから「仕方がない」、昨日もこれで何事もなく過ぎたのだから、今日もこれでよいではないか、無理をすることはない。

これでは未来がない。足るを知るというと格好はよいが、現状を是認するだけの悪い満足には、足らざるを知るが欠けている。これでは、いつまで経っても自分自身は現状維持のままで発展がない。自分を磨き続けるためには、悪い満足に陥ってはならないのだ。

正しい満足（Satisfaction）には、三つの条件がある。

まず「誇り（プライド）」である。仕事に対する誇り（プライド）、やりがい、生きがいを感じるという満足が、本当の満足（Satisfaction）である。

次の条件は目標を達成したときの「達成感」である。達成感を感じさせない、物足りなさが残るうちは、その満足は本物ではない。心の内で「ヤッタゾ！」という快哉《かいさい》を叫ぶような達成感があって、正しい満足（Satisfaction）と言える。

そして、最後が「自己実現感」である。

仕事や会社を通じて着実に自分を磨き、高めることができているというしみじみとした実感があってこそ、正しい満足（Satisfaction）となり得るのだ。

「誇り」「達成感」「自己実現感」が、正しい満足の源である。そしてこの三つの言葉を攪拌《かくはん》して一つの言葉に落とし込むと、そこには「ワクワク感」という言葉が生まれる。そして、その対極には「イヤイヤ感」がある。

07/100
A HUNDRED WORDS

サラリーマンとビジネスマンの違いとは。

サラリーマンという「和製英語」は、給料をもらう人という意味になるであろうが、戦前、すなわち昭和初期までは、月給取りというのは羨望の的であった。昭和初期までの日本では、毎月の給料が定額で支給される人は、上級官吏か大企業の本社に勤務する人くらいで、ほとんどの労働者は出来高払いだったからである。

昭和初期とは異なり、現代のサラリーマンという言葉には、どこか軽い自嘲《じちょう》的な含みがある。タイムカードに出退勤時間さえ打刻すれば給料は保証される、だからサラリーマンとは気楽な稼業だという歌が、今から半世紀ほど前に流《は》行《や》った。

すでに半世紀前から、サラリーマンという名称には自嘲的な響きがあったのだ。

私は、新入社員の時代から、いまだかつて自分がサラリーマンだと思ったことはなく、普段からサラリーマンという言葉を使うこともない。私が使うのは、ビジネスマンだ。

では、サラリーマンとビジネスマンでは、どこかどう違うのか。

これは新流《あたらし》の定義であると断ったうえで、サラリーマンとビジネスマンの違いを述べるとこうなる。

サラリーマンとは、会社の名刺で仕事をする人である。

ビジネスマンとは、自分の足で歩き、自分の腕で稼ぎ、自分の地頭《じあたま》で考えることができる人である。つまり、サラリーマンとは会社を退いたら通用しない人だが、ビジネスマンは、会社をはなれても自力で稼ぐことができる人のことだ。

違いはまだある。サラリーマンとは、会社に使われて会社へ仕事をしに行く人である。ビジネスマンとは、会社を使って会社に結果を出しに行く人である。

社畜《しゃちく》という、聞くも不愉快な言葉があるが、サラリーマンにとっては、主体が会社で自分自身は会社に従属するというポジションだ。これでは、社畜と言われても反論できない。ビジネスマンは、主体は自分であり、会社は自己実現のための手段の一つである。同じ働くなら、誇りあるビジネスマンを目指すべきだ。

ジンザイには人財、人材、人在、人罪の4種がある。

ジンザイは、これら四つのタイプに分かれる。自分磨きにおいても、自分がジンザイのマトリックスのどの位置にいるかによって、磨くべきものと方向が異なってくる。

まずは、足りないものを補うことが、自分磨きのニーズとなるが、足りないものはジンザイのタイプによって違ってくるからだ。タイプ別に見ていこう。

まだ新人の、ジンザイマトリックスでは、原材料という意味での「人材」のポジションにいるのであれば、自分磨きは主にスキルアップに力を注ぐ方がよい。「人在」の位置で停滞しているなと思う人は、マインドを上げるために、尊敬できる人に会って話を聴くことや人間力を上げるための読書をおすすめする。「人罪」の位置の人であっても、人材の人や人在の人とともに、人財のポジションへ移るハイブリッドな努力を怠ってはならない。

そして、自分はスキルもマインドも一定水準以上という「人財」のポジションにあると思えるのであれば、積極的に修羅場（後述）に飛び込んで、徹底的に自分磨きに取り組むべきである。自分磨きの最高の舞台は、修羅場だからだ。

このように、自分磨きもタイプ別に行うことが肝心である。

人は、自分を最もよく知っているのは自分自身である反面、自分を最も知らないのも自分自身であるといえる。

正しい自分を発見するためには、上司や友人、それに部下の意見を聞くことにより、「本当の自分」はどのタイプかを知らなくてはならない。実はこれが、非常に重要なことなのである。

人材の4タイプ

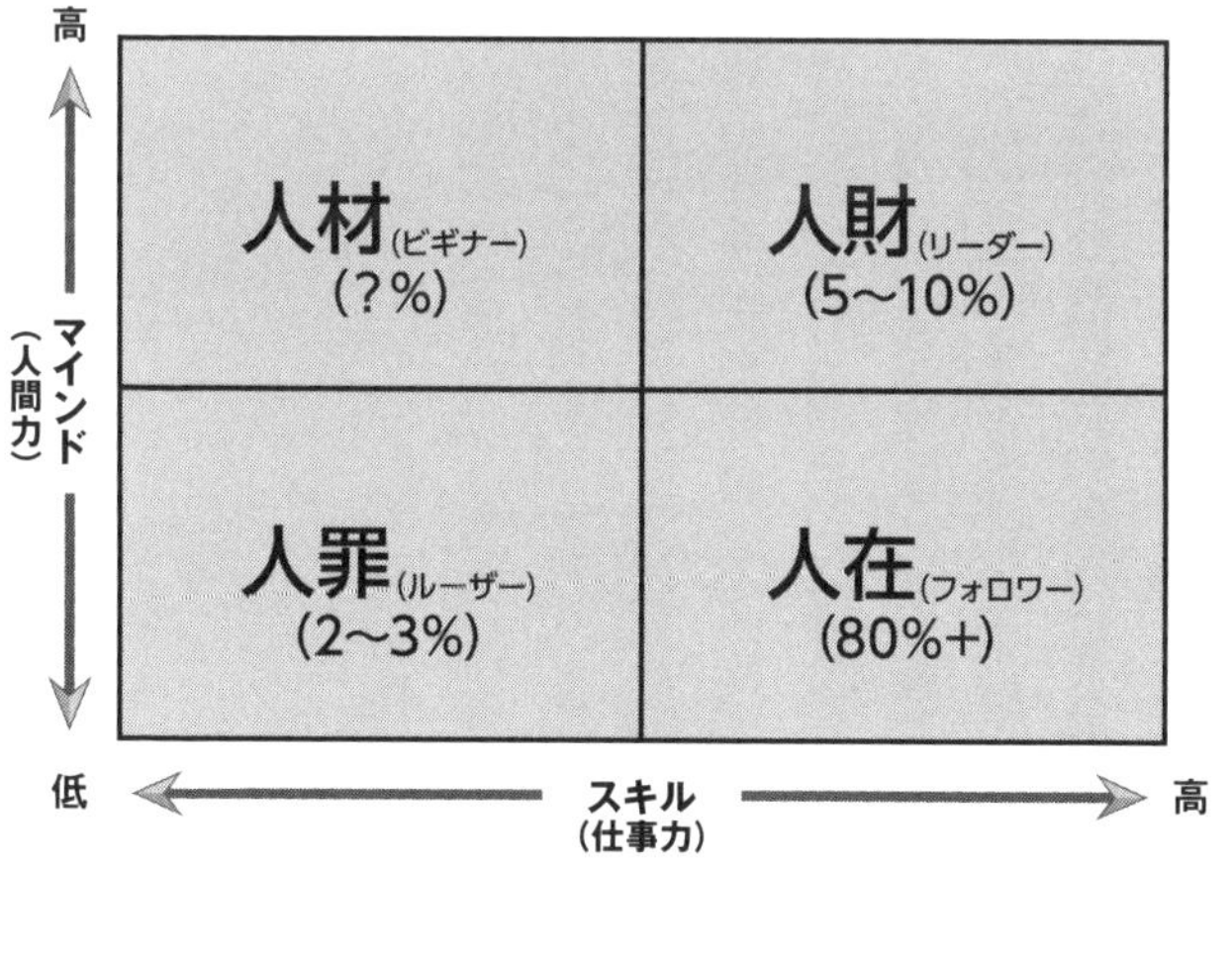

09/100
A HUNDRED WORDS

人財育成の三条件は「座学」「メンター」「修羅場」の三本柱。

長期的に見れば人の能力は先天的に与えられたものより、概して後天的に獲得したものの方が大きくモノをいう。つまり、人は置かれた環境に強く影響される動物なのである。では、人を成長させる環境とは、どのようなものだろうか。

人は何から多くを学ぶかといえば、それは人と経験からである。人は人から学び、経験から学んで成長する。

中でもとりわけ大きな成長をもたらすのが、「修羅場」を経験することだ。ビジネスの世界で「修羅場」とは、「困難な仕事」「結果責任を伴う仕事」「やったことのない仕事」などである。

結果の良し悪しが数字ではっきり現れ、その責任が問われる仕事であり、新市場の開拓など、前例のない困難な仕事で結果を出すことは、人を必ず大きく成長させる。部下を育てるには、可能な限り「修羅場」という環境を与えてやることだ。

また、自分を磨こうという人なら、自ら進んで修羅場を求めるべきである。

私は、これはと見込んだ部下には何度も修羅場を与え、最後まで任せた。私自身のことで言えば、あえて前例のない事業に挑んだことも一度や二度ではない。だから、修羅場を任されたときには、チャンスがきたと思うべきである。人財をつくるうえで、修羅場の貢献度が70％なのである。

二番目に大事な環境は「メンター」である。「メンター」については後で詳しく述べるが、いわば「人生の師」であり、自分が困ったとき、迷ったときに道を照らしてくれる存在である。三人のメンターのいる環境は、その人の人生をばら色にする。しかし、メンターは自然に与えられるものではなく、自ら求め探し出さなければならない。メンターの重要度は20％。

「座学」は三つのうちで最後に位置するが、それは重要性が低いという意味ではない。「座学」には、論理的に経験を補うという重要な役割がある（重要度は10％）。経験だけの我流や自己流のやり方は必ず限界がある。不変の真理や原理原則というものは、ときとして書物や座学から得られるものだ。経験を補い筋の通った理論を学ぶには、座学も必ず必要なのである。

「聞く・聴く・訊く」の三つのキクを会得せよ。

かって阿川佐和子氏の『聞く力』（文春新書）がベストセラーになった。

昔から「聞き上手」という言葉はあるが、私は「聴き上手」（「訊き上手」）とも言っている。阿川さんは、「聴き上手」と「訊き上手」の、コミュニケーションの達人である。

聴くと聞くと訊くは、発音は同じキクだが、それぞれに意味が異なる。

聞くは、門の中にいて耳に入ってくる外の音を聞く。すなわち、室内にいて、風の音や鳥の声など、外から入ってくる音をぼんやりと聞いている状態である。聞き分けられるのは、それが心地よい音か不快な音かというだけだ。

話している側からすれば、聞いているようだけれども、本当に伝わっているのかまでは確信できない。馬《ば》耳《じ》東《とう》風《ふう》とまでは行かないが、話す側からすれば話す甲斐のない相手である。

聴くとは、意識をもって集中して耳を傾けることである。

聞くと聴くでは何が違うか。聞くは門の中に入っている耳でしか聞いていないが、聴くは耳と心、さらにそれらに加えて、目も使って聴いている。目は口ほどにモノをいう。聴き手側の目が本気なら、話し手は自分の話がきちんと伝わっていることを確信するものだ。したがって、文字もそのようにつくられている。これが聞き上手の必要条件である。

聴き上手になるには、二つの「キクチカラ」を持っていなければならない。聴く力と訊く力、これが「聴き上手」の必要十分条件である。「訊き上手」は、相手の話をうまく引き出す質問のうまい人だ。したがって、訊き上手は、話させ上手でもある。うまい質問とは、相手が答えやすく訊くことであり、この訊く技術が話させ上手の本質といえるだろう。

教わることの達人は、この聴くと訊くを駆使する。

すなわち、人の話を促《うなが》し、その相手の話に興味を示し、「それで?」「それから?」「なぜそうなったのですか?」と、話す側の話す気をそそるような質問をすることで、話の内容が深まるように誘導するのである。

11/100
A HUNDRED WORDS

目標の５Kは会社・家族・経済・教養・健康。

32歳のときに、45歳で社長になるという目標を定めたら、40歳までに何をどれだけやらなければいけないか、45歳までにはどうなっていなければいけないかが自ずから決まってくる。しかし、それがビジネスのことだけでは十分ではない。15年間の人生を会社の中だけで過ごすわけではないからだ。

人生の目標は、５Kという要素があって現実味を帯びてくる。

私は、自分自身の経験から、目標の５Kとは「会社」「家族」「経済」「教養」「健康」だと考えている。この五つについて、いつまでに、どれだけ達成するか、それぞれに達成レベルと締め切りを設けたうえで行動に移すのである。

プロスポーツの世界では「準備なき者は去れ」という言葉があるようだ。準備とは、ゲームの前までにやるべきことだ。そのときになってからはじめるのでは、ゲームに参加する資格がない。健康は、そのときになって考えるのでは手遅れなのだ。

私が32歳のときに立てた五つの目標のごく一部を紹介しよう。
①会社――「3年以内にマーケティングに関しては、社内ナンバーワンになる。45歳までには社長になる」
②家族――「三人の男の子を、教育に加え、教養の高い人間に育てる」
③経済――「62歳までには、定年で会社を辞めても不都合のないぐらいの財産形成を完了する」
④教養――「仕事に特化した、いわゆる有識者に加え、自分の人間としての教養を高めるために、文学・歴史・美術等にも20％ぐらいの時間を割く」
⑤健康――「週に三回は健康な汗をかく。一日５００回腕立て伏せをする」
といったものである。

現実的には、５Ｋすべてを同時に追うことは困難である。時間は一日24時間しかない。身体も一つである。「すべてを追えばすべてを失う」という、お馴染みの意味あいの言葉もある。

そこで出てくるのが「廃棄を選択」、つまり「優先順位」という原理原則である。〝今日の自分〟にとってこれが特に重要だということを三つくらい選んで、それに絞って目標を立てることにより、目標達成の確率は格段に高まる。

12/100
A HUNDRED WORDS

一見矛盾するものを両立できるのが一流の人である。

仕事を取るか家庭を取るか、品質を優先するかコストダウンを優先するか、夢を追いかけるか現実生活を守るかなどなど、人が生きていくうえで一見両立できそうにないものは多い。

しかし、どちらかをあきらめるというのは、ときにやむを得ないことではあっても、それが唯一の正しい選択とはいえない。なぜなら、私は、常に両立させることにチャレンジし、実際、多くのことを両立させてきたからだ。

そもそも一見矛盾しているものが、本当に矛盾しているか、よく見てみることが大切である。

昨今では、ワークライフバランスという言葉が流行っている。仕事を取るか家庭を取るかは、日本人の間では悩ましい問題だ。では、仕事と家庭は本当に対立する関係にあるのだろうか。

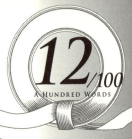

仕事は家庭の安定を維持するためのお金を稼ぐ手段であり、家庭は仕事に取り組むための意欲と動機の源である。両者は対立関係ではなく、補完関係であり、両立関係である。

確かに、仕事の期限が迫れば家庭より仕事を優先するときもある。しかし、それは一時的なことであって、常態化するようでは、そもそもビジネスパーソンとして落第である。たとえ経営者でも、家庭を壊して仕事をするのは、あるべき姿ではない。一見対立しそうな二つのことを両立させてこそ、優れた経営者なのである。

品質とコストダウンもそうだ。長期で考えれば、我々は常に高品質と低コストの両立の実現を目標とし、生産方式や設備の改善に日々チャレンジしているはずである。夢と現実生活も然り。我々は、夢を実現するためにこそ、現実生活を維持しているのである。一見、両立できそうにないことを両立させるのが一流の人だ。私はこれを「トレード・オフよさようなら、トレード・オンよこんにちは」と称している。トレード・オフとは「あちらかこちらか」という対立のことであり、一方のトレード・オンとは「あちらもこちらも」という両立のことである。一流の人とは「両立人間」である。

13/100
A HUNDRED WORDS

牢動や労働をするな！朗働をしろ！

私は、働き方には三種類あると考えている。

それは、労働、牢動、朗働である。労働とは、自分や家族が生活するためのお金を稼ぐために働くことだ。ワーク（Work）でありレイバー（Labor）である。牢動とは、不本意な仕事することであったり、他人に強制されていやいや動くことである。これをドラッジエリー（Drudgery）という。一方で朗働とは、主体的に仕事を楽しんで働くこと。これは使命感と喜びを伴うヴォケーション（Vocation）である。

ジョンソン・エンド・ジョンソン㈱の元ＣＥＯ、ジェームズ・バーク氏は「ＦＵＮ（楽しむ）でなれば、よい仕事はできない」と、よく言っていた。

働くことは、すべからくＦＵＮ、すなわち「朗働」でなければならないというのだ。では、働くことを朗働にするためには、何が必要なのだろうか。キーワードは「心の持ち方」である。楽しい楽しいと思いつつ仕事をすると、次第に労働は朗働と化する。

しかし、はじめて取り組む仕事であったり、時間の余裕がない仕事のときはどうすればよいか。スキルや時間に余裕はなくても、心の余裕を失わないことだ。困難な仕事に挑むときでも、心に余裕を生む方法はある。まず、できると信じること。人の気持ちとは、80％以上が自己暗示である。できると信じれば、本気でできると思えるようになるものなのだ。

困難な仕事に挑むことは、スキルアップのチャンスと考えること。ピンチとは、常にチャンスでもある。ネガティブなことでもポジティブに捉えれば、心の余裕が保てる。そして、笑顔を忘れないこと。笑顔でいることで、やっていることが何となく楽しくなり、周囲の人たちの心にも余裕が生まれる。労働は朗働に変えられるのだ。

では、どうしても牢動をしなければならないときは、どうすればよいか。

平成不況のとき、リストラを担当した人がいる。誰かがやらなくてはいけない仕事だ。そして、彼は辞める人たちの再就職先を見付けることに、仕事の喜びを見出した。その結果、牢動は朗働に変わり、最後の一人まで最適の再就職先を斡《あっ》旋《せん》した。朗働とは自ら創造するものであり、与えられるものではない。

今日の80点は明日の100点に勝る。

数学では、80と100を比較すれば、100の方が確実に大きい。したがって、誰でも100の方を優れていると考えるし、80で満足するよりも100を得ようと頑張ることを目指すはずだ。

一般論としてこれは正しい。

しかし、ビジネスの世界では数学的に正しいことが、必ずしも正解とはならないことがある。いわば、今80を手にする方が、将来100を得るよりも実質的に利益が大きいというケースだが、こういうケースはビジネスの世界ではよくあることだ。

例えば、先行者利得というものがそうである。

ヤマト運輸は、物流業界に個人向けの宅配という「宅急便サービス」をいち早く導入し、またIT化を他の物流業者に先んじて進めた。ヤマト運輸が宅配の市場に切り込んだときには、まだ宅配市場は未成熟の段階であり、IT化の導入に巨額の資金を投入したときも、ＩＴの技術は今日ほどのレベルではなかった。

いずれも時期を待てば、よりよい条件で進めることもできたはずだが、ビジネスにも人生にもタイミングというものがある。１００点を目指し、市場の成熟や技術のキャッチアップを待っているよりも、今の段階では80点しか望めないが、それでも今ここで踏み切ることに意味があるという判断によって、ビジネスの勝者は生まれるのである。

ベンジャミン・フランクリンは「タイムイズマネー」と言ったが、ビジネスや人生は「タイミングイズマネー」のことが多い。タイミングとは、逃がしてはいけないチャンス。１００％のチャンスを待てば、80％のチャンスを逃がしてしまう。

拙速《せっそく》は巧遅《こうち》に勝るともいう。ビジネスパーソンの自分磨きは、今日の80点をモノにすることが要諦《ようてい》である。明日に１００点では遅いのである。ビジネスチャンスという名のバスは出ていってしまう。

巧遅の１００から20を捨てて、拙速の80で決断することが実質的な勝利につながることは案外多いものである。

「遅れなば梅も桜に劣るらん、さきがけてこそ色も香もあれ」ともいう。

自分のUSP創りを目指せ。

現役のビジネスパーソンの時代には、毎日のように取引先からお付き合いを求められていた人が、定年後は誰からも声がかからなくなることがある。毎年きていた年賀状やお中元やお歳暮も、パタリとなくなる。そういう人は、会社のポジションだけの人、つまりサラリーマンだったのである。会社の業務で仕事をするサラリーマンの下に人が寄ってくるのは、金銭的な利益、プロフィットを求めてのことだ。

一方、同じ利益でも、薫陶《くんとう》や啓発を受けることや、協力を得ることなどを含む利益のことを〝Benefit〟（ベネフィット）という。人に薫陶や啓発を与えられる人には、当然コンテンツ（中身）もなければならない。

コンテンツとは、ＭＢＡ（経営学修士号）を持っているとか、一流企業で役員・幹部を務めていたという表面的なことをいうのではない。それらはパッケージであって中身ではないからだ。コンテンツとは、何を経験して何を身に付けているか、すなわち、見識と胆識《たんしき》がその人のコンテンツである。ベネフィットとコンテンツのある人は、会社の肩書きが自分からなくなっても、人から求められ続ける真のビジネスマンだといえる。

ベネフィットとコンテンツのある人は、たとえ現役を退いたとしても、周囲が放っておかない。では、どうすればベネフィットとコンテンツのある人になれるのだろうか。ベネフィットとコンテンツを別の言葉に言い換えるとＵＳＰとなる。ＵＳＰとは〝Unique Selling Proposition〟の略で、いわば個人レベルの差別化である。他の人とは違う、これが私独自の売り物なのだというものがＵＳＰだ。

誰にとってもベネフィットのある「売り物」、中身（コンテンツ）のある「売り物」、すなわちＵＳＰを自分の中につくるためには、一般的に一万時間が必要と言われている。ＵＳＰづくりに一日二時間をかけるとすれば、約14年を要する。生涯現役を目指すなら、ＵＳＰ創りは早めに着手した方がよい。もしかすると、その日は今日かもしれない。

16/100
A HUNDRED WORDS

60歳を過ぎたら、キョウヨウとキョウイクが必要。

60歳を過ぎたら、キョウヨウとキョウイクがないといけないといわれる。キョウヨウとは「今日、用がある」、キョウイクとは「今日、行くところがある」のことだ。

つまり、仕事があるということである。現役から引退し、社会との関係が薄くなると、予定や計画からもどんどん遠ざかる。そうして過ごす60歳から80歳までの20年間という時間は、膨大で消費しきれない時間のように思えるものだ。

20代、30代の青年には実感が湧かないだろうが、人は例外なく歳をとる。したがって、人生の自分磨きはどんなに短くても80年で設定しておかなければならないといえるだろう。

60歳までの自分磨きしか考えていなければ、その後の20数年間は空白のまま無《む》為《い》に過ごさなければならない恐れもある。

趣味の世界で「今日、用」「今日、行くところ」をつくることもよい。私の場合には、現役の経営者を引退してからも仕事を続けることにした。

ただし、仕事を続けるための必要条件は、仕事があるということだ。仕事があるためには、自分で自分の仕事をはじめるか、他から仕事の依頼がなければならない。

声がかからなければ、コンサルティング活動も講演活動も執筆活動も仕事とはならない。また、仕事を続けるための十分条件は、健康面を含めて仕事ができる体力、能力があることだ。つまり、前項で述べたコンテンツとベネフィットである。相撲でいうところの「心技体」の三位一体だ。

必要十分条件を満たすためには、これも前項で述べたが、完成までには一万時間かかると考えてよい。

もし、60歳からも仕事を続けるのであれば、現役の時代から目標を立てて準備しておかなければいけない。これは、私が実際にやってきたことでもある。

人生80年時代の目標は単線ではない。

40歳、60歳までに何かを成し遂げるための目標とともに、60歳から何かをはじめるための目標が複線となって並行して走るのである。

17/100
A HUNDRED WORDS

CHANGE YOUR WORLD WITH WORDS

人の年齢には三種類ある。

人は誰でも歳をとる。人として生まれた以上は、いかなる人にとっても抗《あらが》いがたい事実だ。秦の始皇帝は不老不死を求め、東方の海に浮かぶ神山の霊薬を探しに徐福《じょふく》を派遣するも、ついにかなわなかった。人の寿命には限りはあるものの、人によって歳のとり方は異なる。

私は、歳は正しくとるべきだと考えている。歳を正しくとることが、人生を充実させることに直結するからである。では、正しく歳をとるとはどういうことだろうか。その前に、人の年齢には三種類あることを確認しておく必要がある。

人の年齢の三種類のうち、その一は暦年齢である。暦年齢とは、誕生からの経過年齢であり、一部のタレントや芸能人のように詐称がない限り、動かすことのできない実年齢だ。

その二は、肉体年齢である。最近では健康年齢という言い方もある。肉体年齢は、歳をとればとるほど、個人差が大きくなるといわれる。

私の友人の医師の言葉を借りれば、暦年齢が同じ60歳の人でも、14歳の差があることもあるそうだ。つまり、暦年齢は60歳でも、肉体年齢は67歳の人もいれば、53歳の人もいるということになる。

この差はどこからくるのだろうか。生まれつきの資質もあるが、生活習慣も人の肉体年齢に大きな影響を与える。そして、ダントツに差が大きいのが、その三の精神年齢である。同窓会に出ると、全員同じ年齢であるのに、人によってずいぶん印象が違う。

その違いはそれぞれの精神年齢、すなわち気持ちの年齢の違いにある。

健康年齢は差があっても上下14歳だが、精神年齢には限りがない。80歳の人でも25歳の気持ちを持つことができるし、その逆もある。１０３歳の青年もいれば、25歳の老人もいるのだ。精神年齢こそは、まさに不老なのである。

正しく歳をとるとは、心の年齢を衰えさせないことだ。精神年齢を若々しく保つ条件は四つある。第一は「目標」を持って生きること。あとの三つは、夢と理想と好奇心である。いくつになってもこの四つを失ってはならない。それが、どんなに暦年齢をとっても、精神年齢は永遠に青年であり続ける秘訣である。

18/100
A HUNDRED WORDS

「OLD」になるな！「MATURE」になれ！

人は、歳月とともに老いるのが定めだ。
歳をとればＯＬＤになる。しかし、経験と心は老いることはない。ＯＬＤにならず〝ＭＡＴＵＲＥ〟になるのだ。〝ＭＡＴＵＲＥ〟とは、成熟または円熟という意味である。

私の知り合いに、定年後、故郷である上越地方に戻り、地元の企業を相手に経営コンサルタントをはじめた人がいる。彼は、民間のメーカー出身で、コンサルティング会社の経験は全くない。彼のコンサルタントとしての商品は、もっぱら彼自身の経験から得たマネジメント論とその手法である。

地元に根を下ろしてから10年、彼はコンサルティング先の一社である、地元では代表的な会社の社長に見込まれ、副社長に就任した。彼が75歳のときである。彼を招聘《しょうへい》した社長とは20歳の年齢差があった。しかし、20歳若い社長から見ても、彼のマネジメント論とその手法は、ＯＬＤではなかった。よって、まず彼をコンサルタントとして招き、次いで副社長に任命したのである。

会社では、無論ダントツの最年長である。

彼は定年で故郷に戻った段階で、すでに年齢的にはＯＬＤだったが、彼の心（精神）は決してＯＬＤではなかった。彼は、赤字続きだった会社を、黒字に転換することに心血を注いだ。

会社には、市場の小さい地方会社だから儲からなくても仕方がない、資産はあるのだからすぐには潰れないという、あきらめに似た沈滞ムードが漂っていた。だが、唯一、彼だけが赤字を許さず、必ず黒字にするという熱い心を持っていた。

彼の心は若く、熱く、彼のマネジメント手法は経験とともにＭＡＴＵＲＥ（円熟）の域に達していた。

彼は四年間で社員の気持ちを少しずつ変え、やり方を改め、売上は微増ながら着実に利益率を上げていって黒字化を果たし、副社長を退任し、再びフリーのコンサルタントに戻った。すでに79歳になっていたが、人生の成功者とは、どんなに歳を重ねても、老いない心で自分と自分の腕を磨き続ける人なのである。

19/100
A HUNDRED WORDS

ストレスやプレッシャーのない会社や人は伸びない。

ストレスが諸悪の根源のようにいわれて久しい。病気の原因は、ほとんどがストレスであるようにいわれる。

一方、そもそもストレスは生物が生き残るためのスイッチであるともいう。太古の昔、人間が猛獣など危険生物に出会ったときには、何をおいても逃げなければならない。そのために人の身体は、体表面や手先、指先の血液を身体の中心にいったん集める。

ストレスを感じると指先の温度が下がるのはそのせいらしい。次に、運動機能を最大限発揮するために、心臓から必要な部位へと血液が一気に送り込まれる。動悸が激しくなるのはそのためだ。血液は脳にも送られる。最も有効な逃走ルートを判別するためである。酸素の消費も増えるため、いつも以上の酸素の供給も必要となる。したがって、呼吸が荒くなる。

では、ストレスがゼロになると人間はどうなるのか。

ストレスがゼロに近付くと人間は、思考力が著しく衰えるというカナダの心理学者・ドナルド・ヘッブの実験結果がある。ストレスのない状態は、人間にとって理想的な状態ではなく、むしろ不利益な状態なのである。ストレスを恐れることはないのだ。

適度なストレスは、人も会社も活性化させる働きがある。

人も会社も困難を乗り越えてこそ成長する。適度なストレスは、人と会社を成長させるには欠かせないものなのだ。ストレスゼロでは、無菌室、温室だからだ。

ストレスを適切にコントロールすることを、ストレス・マネジメントという。ストレス・マネジメントの第一歩は、ストレスの有効活用に目覚めることだ。

月曜の朝に会議・ミーティングを行う会社は多い。会議やミーティングなど、人と議論したり、会話することは、ストレスを適度に上げることに効果がある。ストレスレベルが下がっているときには、会議・ミーティングでストレス値を上げると頭も冴え、身体も活性化するのだ。そう、人は人によって、最もよい刺激を受けるからである。

20/100
A HUNDRED WORDS

最大の年金は仕事である。

ほとんどの先進国にとって、年金制度は例外なく大きな社会問題である。

特に、労働人口の減少が著しい我が国にあっては、さらに深刻だ。

定年後の人生が20年以上もある現代の中高年にとって、老後のお金の問題は切実である。多くの人が年金に不安を覚えている背景には、国民が実は年金制度の破綻を予期していることにあろう。

お金にはストックとフローがある。

ストックとは蓄えのことである。蓄えは、使えば減る。減れば不安になる。一方、フローとは稼ぎである。稼ぎも使えばなくなるが、ストックと違い、また稼げばお金は入ってくる。日本人のストックである個人金融資産は一兆六千億超だというが、その大半が高齢者の蓄えであるといわれている。

しかし、高齢者にとって必要なのは、ストックよりもフローなのである。

フローのある仕事を創れる人は永遠に不老（フロー）である。

フローを得るためには、不労ではだめだ。仕事をして得るのが、健全なフローである。仕事をするには、年齢に応じた稼ぐ力と稼ぐ方法が必要だ。年齢に応じた稼ぐ力と稼ぐ方法があれば、不老の仕事ができる。仕事は、最強の自分への年金なのだ。人脈・スキル・情報・経験豊かなシニア世代であれば、定年後も仕事は創造できるはずである。

歳をとれば体力は落ちる。しかし、古来、体力だけで成功した人はいない。

ＫＦＣ（ケンタッキー・フライド・チキン）の創始者・カーネル・サンダースは65歳のときに現在のＫＦＣ事業をはじめた。カーネル・サンダースは、それ以前にガソリンスタンドに併設したカフェレストランを営んでいたが、新しいハイウエーの建設によって車の流れが変わり閉店を余儀なくされる。

彼には、再度レストランを開く余力はなかった。そこで、フライドチキンのレシピを商品にして、フライドチキンの売上に応じてロイヤリティを得るというフランチャイズ形式のビジネスとした。そして、それが成功して、今日、世界に展開するＫＦＣが完成したのである。ビジネスのスタイルや仕事の形は、年齢や状況に応じて最適なものを創ればよいのである。年金がアテにならなくなりつつある将来において、自分にとって頼りになる年金は仕事である。

第2章

人を動かす20の言葉

Change your world with words.

21/100
A HUNDRED WORDS

挨拶は先に気付いた方からせよ！

たかが挨拶という人は、永遠に人を動かすことはできない。たかが挨拶、されど挨拶なのである。そもそも元気印の会社、連続黒字の会社には、例外なく当たり前のことが当たり前にできているという特徴がある。

挨拶は最も当たり前のことの一つ。その挨拶ができないのに、仕事ができることがあろうか。挨拶品質の向上は仕事品質の向上につながり、仕事品質の向上は業績の向上に結び付くのだ。私は日本フィリップスの副社長時代、改革の手はじめに朝の挨拶を徹底して行った。改革における本丸は同社の黒字化だが、挨拶もろくにできない状態で、黒字化などできるはずがない。

朝、出勤するやいなや社員の顔を見たら、誰彼なく、心持ち大きめの声でこちらから「○○君おはよう！」と声をかけた。おはようの前に相手の名前を添えるのは、挨拶の品質を上げる一つのテクニックだ。これをよい意味の「ネーム・ドロッピング」という。

私の「挨拶運動」がはじまってしばらく経つと、最初は小さな声で「おはようございます」と応えていた人の数は次第に多くなり、目が合った瞬間、こちらより先に「おはようございます」が相手の口から飛び出すようになった。

挨拶は、地位や立場の上下に関係なく、先に気が付いた方からするというのが原則である。私の挨拶運動は原則を守ったのだ。人間は高い地位に就くと、とかく挨拶は下からするものと勘違いしがちだが、それでは原則に反することを肝に銘じておきたい。「まず隗《かい》よりはじめよ」なのだ。

挨拶とは、難しくいえば相手の存在を認知する行為にほかならない。

相手の存在を認め、ひとりの人間として尊重しているというメッセージが挨拶にはある。人は集団に帰属していることで安心する動物だ。仲間と認められることによって、集団に貢献しようとする意欲や使命感も生まれてくる。人を動かすための一番目の行動が挨拶なのである。

あえて断言する。伸びている会社、伸びている人に共通する特徴は、明るい挨拶ができている。挨拶は非常に平凡だが、それゆえに大事なことなのである。

22/100
A HUNDRED WORDS

コミュニケーションは、仕事の優先課題である。

会話力や雑談力など、昨今は話すことに注目が集まっているようだ。

IT化によって、コミュニケーション・ツールは飛躍的に進歩しているにもかかわらず、会話力や雑談力が求められる背景には、デジタル化されたコミュニケーションでは、F2F（フェイス・トゥ・フェイス）のコミュニケーションにより得られる満足感がないせいかもしれない。

社会が進歩し、高度化するほど人間は必要最小限のコミュニケーションしかとらなくなるという説もある。ビジネスでも、会社の規模が拡大し、業務が複雑化していくに従い、本社から必要最小限の情報を一方的に流すだけになりがちだ。現場のリーダーでさえ、仕事が忙しいと、ついついコミュニケーションは時間があるときにやればよいと、後回しにする傾向がある。しかし、これは大きな間違いだ。コミュニケーションを疎《おろそ》かにして、どうして人を動かすことができようか。「経営とは人を通じて目標を達成する業である」という意味の言葉もある。

仕事はチームでやるべきものだ。そうである以上、仕事を進めるうえでコミュニケーションが重要な役割を果たす。これは今さら言うまでもないだろう。仕事の結果はコミュニケーション次第、と言っても過言ではない。職場に起きるすべての失敗の80%以上は、コミュニケーションの不備に起因するという。そして、コミュニケーションの要諦は話すことよりも聴くことにある。相手の話を傾聴し、それに応えることで成り立つのが、正しいコミュニケーションだと私は考えている。ところが、聴くことを重視したコミュニケーション論は、どうも世間の関心が薄いようだ。

人は、立場が上がるにつれ、「聴く」というコミュニケーションを軽視しがちなものである。しかし、立場が上がるほど、周りを動かして成果を出さねばならなくなるのだから、コミュニケーションは仕事の中でも実は優先すべき課題なのである。コミュニケーションとは、時間のあるときに行うことではなく、積極的に時間をつくってでもやるべきことなのだ。

F2F（フェイス・トゥ・フェイス）のコミュニケーションによって、はじめてH2H（ハート・トゥ・ハート）のインパクトを生むことができるのだ。

23/100
A HUNDRED WORDS

異見も意見と受け止めるべし。

私の好きな英語の一つに〝Agree to Disagree.（不同意に同意する）〟という言葉がある。「あなたが私と違う意見を持っていることを受け入れる」ということである。「異見も意見と受け止める」という考え方のことを意味している。

日本的な組織は、金太郎飴によく例えられる。メンバーが均質な組織には、それなりによいところもあるが、環境が変わると共倒れをするということと、活力に乏しいというところが弱点といえる。

北欧の漁師がイワシを生きたまま港まで運ぶために、生簀《いけす》の中に一匹ナマズを入れておくという話がある。同質の集団の中に、一匹異質の魚を入れることで緊張感が生まれ全体の活性が上がる。イワシだけの生簀では、港に着くまでに全滅してしまうが、一匹のナマズを入れることで、生きたままのイワシが水揚げできるということだ。異質な存在によって均質な集団に衝撃の波が立ち、組織が活性化するのである。

全体と異なる発言は、組織にとって刺激剤や活力剤となり得るのだ。

会議やミーティングで、どんどん異見が飛び出すのは、自由にモノが言えるチームであることの証だ。異論や異見を恐れてはいけない。自由にモノが言えてこそ、お互いの気持ちも通じ合うのである。この異見も意見と受け止める習慣がチーム全体にできてくれば、そこに刺激や相乗効果が生じ、ひいてはメンバー間の理解度も高まる。


人を動かすには、〝Agree to Disagree.（不同意に同意する）〟。すなわち異見も意見と受け止める姿勢が基本である。

集団のみんなと違う意見が出たときに、即座にそれを否定するのではなく、いったん受け入れる、そのうえで共通の解を求める、それが正しいコミュニケーションを行うために必要な基本動作である。この基本動作を具体的な表現で言い表すと「それは面白い意見だね」「なるほど、そういう考えもあるか」となる。

グッド・コミュニケーターとは、異見を上手に受け入れることができる人だ。異見を受け入れられないようではイケンのである。

24/100
A HUNDRED WORDS

異論、異見は代替案をもってせよ。

経営者やリーダーといえども、自分の意見に100%の自信と確信を持っている人は少ない。人間である以上、どこかで自分の考えに不安があるものだ。

したがって議論のときに、自分の意見に対しての異論、反論は、自分の考えを補強するためにも歓迎だが、一方で、不安な部分は弱みでもあるため、そこを突かれると、つい人はセンシティブまたはネガティブに反応しがちだ。

ビジネスパーソンとしては、異論や異見に対し感情的に反応するのは、決定的に人間力不足でいただけないが、だからといって、わざわざ相手の神経を逆なでするような発言の仕方をする側も、人間力が低いといえよう。

異論、異見を述べるとき、単に自分はそう思わないという主張では、何も主張しないよりはよいが、反対というだけでは建設的な発言と認められないこともある。単なる破壊者と見なされるのだ。ただ反対するだけでは相手も受け入れがたい。反対の理由と、ではどうすればよいのかという代替案を示してこそ、相手もこちらの異見を受け入れやすくなるものだ。

「丸いたまごも切りようで四角、物も言いようで角《カド》が立つ」

異論、異見の出し方にも方法がある。それは、企業理念、方針、目標を根本におくことだ。まず、理念・方針・目標は相手と共有していることを確認する。お互いに目指す方向性は一致しているのだと、相手に認識してもらう。

そのうえで、あなたの意見は理念・方針・目標を実現するための一つの方法であると、相手の理解を取り付ける。お互いに一致している点を認めてから、次にそれぞれに異なる点を明確にする。その言い方はこういう具合だ。

「しかし、あなたの意見にはこの点でこういう問題があるように思う」と、問題点を具体的に指摘し、理念・方針・目標を達成するには、「あなたの考えるやり方をこう改めることで実現性と実効性はさらに高まる」と、代替案を切り出すのである。代替案は、決して相手の意見の否定ではなく、その問題をよりよくするという前向きの姿勢が基本である。

25/100
A HUNDRED WORDS

バッドニュース・ファーストを励行せよ。

ワンマン経営者と国の独裁者には、共通の弱点がある。

どちらも周囲にイエスマンしかいなくなるため、耳に心地よい情報しか上がってこず、正しい状況判断ができなくなる。その結果、重要な意思決定で誤りを犯し、取り返しのつかない事態を招くことになる。

部下は本質的に上司の喜ぶ顔が見たいから、ついついよい情報ばかりを上げたくなる。反対に悪い情報を知らせるのは気の重い仕事だ。

したがって、悪い知らせを優先して報告するというのは、推奨事項ではなく、ルール化して遵守する優先事項としなくては社内に根付かない。

外資系、特にアメリカ系の企業では、新入社員教育で「バッドニュース・ファースト」というルールを徹底的に教え込む。よいニュースと悪いニュースがあったとき、悪い方を優先して知らせるというのが、ビジネスパーソンの基本動作なのだ。

悪いニュースは、ほとんどの場合、素早い対応を求められるものだ。したがって、初動の早さが何より肝心となる。危機管理の要諦である。

一方、グッドニュースは一刻を争うような緊急性の高いものは少ない。グッドニュースの多くは、ニュースを聞いたみんなが共に祝福し合えばよいことばかりだ。極端な言い方をすれば、グッドニュースは伝えなくても支障はない。

バッドニュース・ファーストの習慣のない会社では、社員をバッドニュース・ファーストへ動かす必要がある。

それには、ルール化と共にリーダーの振る舞いが重要だ。英語には「メッセンジャーを撃つな〝Don't shoot the messenger〟」という言葉がある。バッドニュースを報告にきた者に「一体どうなってるんだ！」と八つ当たりをすると、部下は事実を隠ぺいするようになる。気付いたときには傷口を大きくして出血多量で一命を落としかねない。

経営者やリーダーたる者、バッドニュースを聞いても「ありがとう。よく知らせてくれた」とひと言添えるくらいの配慮を示すべきである。

オーバーレポートはアンダーレポートに勝る。

頻繁に報告する部下と、報告をなおざりにしがちな部下がいたら、極端に両者の成績に差がない限り、私は頻繁に報告をしてくる部下の方を高く評価する。

仕事はチームでやるものである。それゆえに相互のコミュニケーションが重要になる。報告はコミュニケーションの中でも、最も重要な行為だ。報告を疎かにする人間というのは、チームプレーのできない人という烙印《らくいん》を押されても仕方がないだろう。したがって、評価できないのだ。結果さえ出していれば、報告など省略してもかまわないというのは誤った考え方である。

正しい報告によって信用と信頼は築かれる。私の若かりし頃の失敗談を明かそう。

連休前の金曜日の夕方にトラブルが起きた。上司は外出して戻ってこない。私は、そのトラブルを解決し、報告は連休明けでよいと上司には連絡を取らなかった。連休明けにそのことを報告すると、上司は不機嫌そうにこう言った。

「そのときすぐに報告をしないのは、何かを隠しているんじゃないかと疑われるぞ。そうすると、他の件でも何か隠しているんじゃないのかと思われる」

「一度疑われると、いつも疑われる（〝One a suspect, always a suspect.〟）」という英語がある。〝一度疑われるといつまでも疑われる〟という意味だ。そのときはずいぶんと心外に思ったが、後になって思えば、人の気持ちというのはそういうものだ。

報告は基本的に部下から上司へ伝えられるものだが、上司からの報告もまた重要である。ビジネスパーソンが哀しいのは、自分のやった仕事の結果がどうなったのか、それがどう評価されたのかがわからないことである。

自分がパートを担当した仕事がどんな成果を出したのか、それによって自分はどんな評価を受けたのか、部下は上司からのフィードバックがないとわからない。その結果、不安になる。不安が高じると哀しくなるのだ。

何の反応もないというのが、最も悪いコミュニケーションである。何も聞こえてこないのは、悪い結果を聞くよりもさらに悪い。上司から部下への頻繁なフィードバックは、部下の信頼を得るための大事な基本動作なのである。

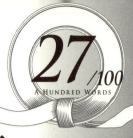

27/100
A HUNDRED WORDS

人を叱るな！　モノとコトを叱れ！

松下幸之助氏は、人叱りの名人だったという。

旧松下電器の幹部たちは、全員、幸之助氏に叱られることで成長していった。

最近の若い人は、叱られ慣れしていない人が多く、叱り方が難しいという上司の声をよく聞く。

私は、叱り方の極意は「叱られた人が、叱られる前よりもやる気が出てくる叱り方」だと考えている。叱られた人が、「然《しか》りごもっとも」と納得できる叱り方でなくてはならないのである。

叱り方には原則がある。

それは、「モノとコトを叱って人を叱らず」だ。

人を叱るとは、「だからお前はダメなんだ！」、「何度言ったらわかるんだ。もう辞めてしまえ！」というような、相手の尊厳を傷付け人格を否定する叱り方のことを指す。

人格を否定されては、叱られた方は立つ瀬がない。叱っている方は、溜飲《りゅういん》が下がって気分爽快になるかもしれないが、叱られた側には救いがなく、意欲も自信も喪失してしまう。

部下のやる気を奪うリーダーは、組織に害をもたらす「人罪」である。

一方、モノとコトを叱るとは、やり方が悪くて失敗したなら、やったコトや、やり方を叱る、決してやった人を叱るのではない。できたモノが悪いなら、モノについて叱るのである。これが叱り方の基本だ。モノとコトを叱ることで、個人の尊厳を傷付けることなく、叱られる方も叱る方も次のステップへ進むことができる。モノとコトを叱るのは、前向きな叱り方なのである。

さらに一歩進んだ叱り方は、「今回は○○と○○はよかった。よくやった」と叱る前にまずほめ、次に「しかし詰めが甘かったな。最後のチェックをもっと慎重にやるべきだった」とコトを叱り、最後に「ここを注意しなさい。君なら次はきっと成功する」とフォローを加える。感情に流されて「怒る」は、リーダーにとって厳に慎まなければならないことだ。まして「罵《のの》る」となると、もはや救いがない。望ましい順番でいうと「注意する・叱る・怒る・罵る」となる。

28/100
A HUNDRED WORDS

時間はあるものではない、つくるものだ。

部下が上司に相談に行ったとき、あるいは短時間のミーティングを求めたときに「今時間がない、後にしてくれ」と断られることがある。

一方で、上役からの呼び出しを忙しいと断ることは、サラリーマンとしてはまず不可能である。上司の逆鱗《げきりん》に触れるのが目に見えている。

また、急に部門間での仕事の調整会議が入ったときに、時間がないことを理由に欠席するわけにもいかない。

部下の相談を時間がないと拒絶する人は、コミュニケーションを軽視しているのではなく、コミュニケーションの優先と劣後を自分勝手に設定しているのである。上役や業務上のコミュニケーションは優先、部下や後輩とのコミュニケーションは劣後という具合である。

相談やミーティングに応じないのは、一時的ではあるが、部下からすればコミュニケーションの拒絶である。大げさに聞こえるかもしれないが、コミュニケーションの拒絶は、部下にとって自分の存在を軽視されたのと同じである。ガッカリもするだろうし、意欲も阻喪《そそう》させてしまう。これでは、人を動かすことなどできるはずがない。コミュニケーションの優先や劣後を、相手の立場や地位に重きを置いて決めてはならない。部下や後輩が相手でも、時間がなければ、時間をつくって行うべきものがコミュニケーションだ。

忙しい、時間がないという人に、自分が一日にやった仕事を書き出してもらうと、その数は驚くほど少ないものだ。普通の人が一日かけてやっている仕事は、その気になれば半日で終わるともいわれる。時間がないのではなく、一日の仕事の段取りができていないのであり、優先順位に基づいたスケジューリングがお粗末なのである。

スケジューリングができていれば、忙しいときに部下から話があるといわれても「今は時間が取れない。40分後にきてくれたら20分とれるがどうか」と答えることができる。どんなに忙しくても、いつなら時間がとれるか、それくらいのスケジュール管理ができなくては上司としては失格である。コミュニケーションを疎かにして、人を動かすことは絶対にできない。

29/100
A HUNDRED WORDS

組織に魂を通わせると、業績は四倍高くなる。

アメリカの研究機関が、同規模の企業群を二つに分け、数十年間にわたって業績を比較し続けた結果、両グループ間の業績には四倍もの差が付いたというマクロ統計がある。

四倍の差を付けたのは、企業理念の「ある・なし」だった。企業理念のある企業群は、ない企業群よりも、平均的に四倍高い業績を上げていたのである。

人は理念に共感したとき、仕事に誇りと使命感を抱く。誇りと使命感を持った人は大きな仕事をする。理念は、人を動かす強い原動力となり、人が動くべき方向性を示す明確な道標となる。その結果、企業理念がある会社の方が、理念がない会社に比べて四倍伸びていたということだ。

会社は何のためにあるのか、何をもって社会に貢献するのかという、創業の魂といえるものが理念である。

ただしこの話だけでは、理念などというお題目で、本当に業績が上がるのかとにわかには信じられない、むしろあからさまに不信感を示す人も少なくない。

一つ事例を挙げよう。昭和30年前後、ホンダ（本田技研工業）は業績不振に喘《あえ》いでいた。そのとき、本田宗一郎、藤沢武夫のツートップが打ち出したのが、当時、バイクの世界最高峰「マン島ＴＴレース」への参戦だった。

ホンダの理念は、世界一の車をつくることである。

世界一のレースに出ることはその理念実現への第一歩、一歩を踏み出すことで再び創業の魂を呼び覚ましたのである。理念に共感することで社員も燃えた。社内の沈滞ムードは吹き飛び、技術開発は一段と熱を帯びた。

理念に還ることで、ホンダは業績の建て直しと世界レースで優勝という二兎を得たのである。組織に魂を吹き込むこととは、理念を行動で表すなど、具体化してみせることである。組織に企業理念という魂を通わせると、働く人の仕事にも魂が込もるものだ。「人は大きなことを信じたときに、大きな仕事をする」という。何倍大きな仕事か？　四倍である。

社員満足の3Kとは「環境・金・心」。

社員満足とは、90年代に広がったマネジメントの概念である。しかし、世界のグッド・カンパニーには、90年代よりも、はるか昔からこの考え方がある。私がかつて日本法人の社長を務めていたジョンソン・エンド・ジョンソン㈱のクリード「我が信条」では、会社の社員に対する責任は、顧客に対する責任の次に位置づけられている。株主よりも上位なのだ。

よい仕事は、満足度の低い社員よりも高い社員の方がするものだ。社員がよい仕事をすれば、会社の業績は上がる。では、どうすれば社員満足を上げることができるだろうか。「X理論Y理論」で有名な経営学者のマクレガーも、人が働く意欲は条件が整えば整うほどより高くなると言っている。その条件とは、物理的な条件、経済的な条件、精神的な条件、すなわち「社員満足の3K」である。

3Kとは、環境・金・心の頭文字だ。

社員満足の高さは、3Kの質と量によって決まってくる。

第一のK「環境」……作業環境やオフィス環境、福利厚生設備のなどの物理的な条件である。基本的には3S（整理・整頓・清潔）＋A（安全対策）だ。最近は地方に仕事場をおくテレワークを採用する企業も増え、立地の影響は相対的に小さくなってきている。

第二のK「金」……報酬、給与などの経済的な条件である。経済的な条件は、社員の「不満足」に対し即効性はあるが、満足を持続させる力には乏しい。

第三のK「心」……やりがい、生きがい、誇り、喜び、信頼などの精神的な条件である。社員満足に対する影響力は、3Kのうちこの「心」が最も大きく長続きする。チームに認められ、チームに貢献するやりがい、生きがいは報酬以上の魅力が社員にとってあるものなのだ。

しかし、他の二つのKを疎かにして、心の満足は保てない。例えば、成果に対する報酬が適切でないと、やる気は一瞬で失われてしまう。劣悪な作業環境を放置していても同様だ。3Kのどれが欠けても、正しい社員満足にはつながらない。

社員満足とは、「心」の満足を中心にして、三つのKをバランスよく行うことが肝心なのである。

31/100
A HUNDRED WORDS

人は論理によって説得され、感情により動く。

ケンタッキーフライドチキンの創始者、カーネル・サンダースの言葉にも同じ文言があるようだが、彼以外の何人かの人も「人は論理によって説得され、感情により動く」に近い意味の言葉を残している。「人は論理により説得され、利益も感情により動く」という話もある。

この言葉で肝心なのは、人を動かすには頭脳（IQ）よりハート（EQ）が重要ということだ。頭ではわかっても（説得されても）、それだけでは人は動かないのである。人を動かすには、まず心を動かさなければならない。

「孫子の兵法」では、信賞必罰《しんしょうひつばつ》の重要性を訴えているが、賞罰を下す将軍が兵の心をつかんでいないと、罰せられた者は恨みを抱くが、人望のある将軍であれば、罰せられた者は素直にその非を認めるとしている。

「あの人が言うのなら」と周囲を納得させるのは、その論理よりも、発言した人物への感情によることが多いものだ。

発言の中身とは、誰が言ったかではなく、何を言ったかで判断しなければならないが、人は往々にして誰が言ったかによって判断が左右される。

リーダーの立場にある者は、感情で判断することは厳に慎まねばならないが、人は論理よりも感情に動かされる動物だという現実も忘れてはならない。

リーダーの仕事は人を動かし、正しい方向へ導くことである。

正しい方向は理論でも説得できるが、それが変化を求めることであった場合は、行動を躊躇《ちゅうちょ》する者も出てくる。人は元来保守的（コンサバティブ）であり、未体験の世界を恐れるからである。

そのとき人を動かす力は「あの人が言うのなら」「あの人になら付いて行ける」という、リーダーへの信用と信頼が原動力となる。

信用・信頼の源泉は、スキル（仕事力）よりもマインド（人間力）にある。

リーダーに高いマインドが求められるのは、それが「人を動かす力」だからだ。

したがって経営者やリーダーは、積極的にマインドを高める努力を続けなければならないと心得たい。

32/100
A HUNDRED WORDS

任せなさ過ぎより、任せ過ぎで失敗した方がはるかにベターだ。

任せることのとりあえずの効果は、人の意欲レベルを上げることだ。

上司から任せられるというのは、任せられた部下の目には、自分に対する信頼の表れと映る。人は、高い評価と強い信頼を得ることによって、誇りと自信が生まれる。誇りと自信のある部下は、任せられた仕事をなんとしてもやり遂げようという意欲と使命感に満ち溢れる。ピーター・F・ドラッカーは「人を育てるための最も効果的な方法は任せることである」と述べている。

しかし、任せる上司からすれば、常に、任せてもし失敗したら……という不安が付きまとう。そのため、部下に任せたはずのことでも、たびたび介入しては軌道修正を指示し、安全を確保しようとする。この一見、部下思いの上司の行動は、実はあまりメリットがない。むしろデメリットの方が大きい。上司がやれば、できて当たり前、そこにプラスはないのである。

任せられた部下は、上司のたびたびの介入によって、自分は、本当は上司に信頼されていないのだと失望し、せっかくのやる気が失われる。やる気が失われれば、誇りや自信も失うため、結局、言われたことを無難にこなすだけの仕事しかしなくなるという悪循環が発生してしまう。

上司は部下に任せると言ったら、ときどきの報告だけを受け、後は任せすぎるくらい任せた方がよい。もし、任せた結果、部下が失敗したとしても、部下は失敗から学ぶことで成長する。部下の失敗は、上司が修復を手伝えばよいのだ。リーダーは、部下に何も任せずに安全運転するよりも、任せて失敗する方がよいと考えるべきなのだ。

会社が逆境のときに、あえて後継者にバトンタッチした経営者がいた。中小企業だが、80年の歴史と世界のシェアの九割を持つニッチ市場の世界企業である。順風満帆のときに会社を継ぐよりも、逆風のときに会社を継げば、経営者としてひと皮もふた皮も剥けると考えてのことだった。

後継者が失敗すれば会社にとって痛手だが、それで会社が潰れるわけではない。それならここでと、腹をくくって後継者に任せたそうである。結果にかかわらず、任せた後には必ず人の成長という財産が残る。人が成長すると会社も成長する。

33/100
A HUNDRED WORDS

「議論の場づくり」が、組織の活性化の生みの親である。

私は英語の〝Speak Out〟（スピークアウト＝積極的に話す）の実践を大事にしており、人にもすすめている。管理職の時代からも然り、社長になってからも、社内にスピークアウトの習慣を根付かせるための運動を数々行ってきた。経営者人生を通じて、モノ言う集団づくりに積極的に取り組んできたという些《いささ》かの自負が私自身にはある。

モノ言わぬ集団では風通しが悪い。風通しが悪ければ、当然、心の通うコミュニケーションなどとれない。心の通うコミュニケーションがなければ、リーダーがいくら叫んでも、人は期待通りに動いてはくれない。

そもそもモノが言えない職場では、仕事が楽しくない。楽しくなければ、よい仕事はできない。それでは成果も期待できない。

ところが、モノ言う集団をつくるためにはいくつかの条件がある。では、どうすればモノ言う集団をつくることができるのか。そこで、私がやったことを紹介しよう。

私は、何社かで社長を務めたときに、各社で必ず「話そう会」を開催した。「話そう会」とは、毎月定期的に時間を決めて、七、八人のメンバーが集まって行うフリートーキングの会だ。進行役はチームリーダーが務める。目的はもちろんスピークアウトの習慣づくりとモノ言う集団をつくることだ。

「話そう会」のルールは簡単である。必ずひとり二回以上発言（スピークアウト）する。テーマは自由、どんな発言であっても否定しない。ただし「会社のため、仕事のためによかろう」という前向きな内容に限定した。人の悪口や給料の不満は言わない。その他は雑談ＯＫ、ジョーク歓迎、積極的に尻馬に乗れ、無理に結論を出さない、である。

「話そう会」ではファシリテーターの役割が重要となる。ファシリテーターとは「決定権のない進行役」である。ファシリテーターには、話をまとめることよりも、全員の発言機会を増やすように意識させた。定番の表現は「なるほど」「それから？」「面白い意見だね」である。

この「話そう会」よって、着実にモノ言う集団づくりへと歩を進めることができた。職場の活性度を高めるための最も効果的な方法は、「議論の場づくり」に尽きるのである。

34/100
A HUNDRED WORDS

CS（顧客満足）の前に、ES（社員満足）を。

社員満足のことをES（〝Employees Satisfaction〟＝エンプロイー・サティスファクション）と言う。

同じ満足の付く言葉には、顧客満足、株主満足がある。

私はいつも社員満足なしに、顧客満足はあり得ないと唱えている。社員が会社に不満ばかり抱え、仕事に意欲も誇りも持っていない状態で、どうしてお客さまに十分満足のいく商品づくりやサービスの提供ができるだろうか。

多くの会社は、社員満足を後回しにして、顧客満足の方を追求しがちである。最悪の場合は、経営者満足や株主満足を優先させる。それでは足元がおぼつかない。「走る前には歩けなくてはいけない」のである。物事には順番というものがある。株主満足も同様である。株主満足のためには、会社が業績を上げて適切かつ十分な配当をしなければならない。会社の業績を上げるためには、顧客満足がなくてはならない。そして、十分な顧客満足のためには、その前段階として社員満足がなければならない。

満足度を上げるための要素については、社員満足の3Kのところで述べたとおりである。

給料を払ううえに、満足度まで上げなくてはならないのか、と思う経営者もいるかもしれない。しかし、社員満足は社員のためであると同時に、会社が生き残る、そして勝ち残るための必須条件の一つなのだ。

正しい満足度の高い社員は、会社の成長を我がことと感じるものである。そこには当事者意識が生まれる。

会社存続・発展の鍵は顧客満足にある。真の顧客満足とは、顧客の要求の一段上をいくサービスや技術を提供することである。そこには顧客感動が生まれる。満足の一段上をいく商品・サービス・技術を提供するためには、現場の社員自らが考え、改善・工夫に手間をかけることが必要だ。

現場の社員が、やらなくても許されることをあえてやるのは、そのひと手間、ひと工夫によって会社が成長することが、自分の喜びと感じられるからに他ならない。満足度の高い社員は、高い品質の仕事をする。ESを上げることがCS向上の原動力となるのだ。

35/100
A HUNDRED WORDS

コミュニケーションは、相手に何がどう伝わったかがすべてである。

人を動かすためには、コミュニケーションの良し悪しが重要な鍵を握る。では、そのコミュニケーションで大事なことは何か。逆にこれを考えている時点で、コミュニケーションができていない職場の証拠だ。そもそもコミュニケーションで大切なのは自分が相手にどう伝えたかではなく、相手にどう伝わったかである。言いっぱなしのコミュニケーションでは人は動かない。

言いっぱなしでコミュニケーションが成り立つと思うのは、自分の言葉は必ず相手に正しく伝わると勘違いしているからであり、これでは正しいコミュニケーションは成り立たない。人間とは、聞き間違いもすれば、忘れもするとわかっていれば、聞き間違いのないように説明し、忘れられないよう何度も繰り返すようになる。

私がつくった「コミュニケーション10カ条」を参考にして欲しい。これを実行に移して会社や職場のコミュニケーションの品質を高めると、業績は必ず高まる。

コミュニケーション10カ条

第1条　コミュニケーションはまず「聴く」ことから始めよ

第2条　コミュニケーションで重要なのは「自分が相手に何を言ったか」ではなく「実際に相手に何が伝わったのか」であると心得よ

第3条　コミュニケーションでは相手の目を見て大きめの声でゆっくりめに話し、相手と波長を合わせることを心がけよ

第4条　話の順序は、相手によっては起承転結の「結」から話せ

第5条　コミュニケーションは時間をつくって行う仕事上の課題である

第6条　真のコミュニケーションはフェイス・トゥ・フェイスでなければならない
Eメールは簡単な情報の伝達手段にすぎない

第7条　悪い話(Bad News)ほど速やかに報告せよ

第8条　みんなのため仕事のためによかれと思ったことは、立場を越えてどしどし発言(Speak Out)すべし

第9条　「Agree to Disagree」異見も意見として認めよ

第10条　「飲みニケーション」は「Nice to Do」であっても「Must Do」であってはならない。真のコミュニケーションが行われる本来の場所は職場である

魚は頭から腐る。

信頼と尊敬を失う一番の原因は、言行不一致《げんこうふいっち》、すなわち、言ってることと、やってることが違う場合だ。

2016年4月に、タックス・ヘイブン（租税回避）の実態を暴露した「パナマ文書」が明らかになった。そこには、タックス・ヘイブンを利用していた各国の政治家や会社の名前も記載されていた。

タックス・ヘイブンとは、税金の安い国に会社を設立し、本国で払うよりも税金の負担を大きく軽減することである。ただし、現在のところ、この方法は全くの違法ではない。やり方によっては合法的な税金逃れであるため、世界的な規模で富裕層が利用しているのである。

しかし、納税の義務は、どこの国でも国民の義務である。

その義務を、税金から給料が支払われている国のトップ政治家自らが破っていては、到底、信頼も尊敬も保てない。辞任に追い込まれたり、辞任要求の国民運動が起こるのも、むべなるかなである。

古今東西、権力者が自ら道を踏み外し、スキャンダルで失脚する例は枚挙《まいきょ》に暇《いとま》がない。人は、権力の美酒に酔うと過ちを犯す。「権力は腐敗する。絶対権力は絶対に腐敗する」（ジョン・アクトン）という言葉もある。

人の上に立つ人は、権力や役職上の指示命令によって人を動かすことができる。だからこそ、立場のある人には単なる法令遵守（コンプライアンス）を越えた高い倫理性が求められるのだ。〝Integrity（高潔）〟という言葉は、まともな外資系企業が最も大切にする言葉の一つである。

経営者とは、人を使って成果を上げる人である。また、リーダーとはチームのパフォーマンスを最大限に引き出すことが役割だ。今さら言うまでもなく、人の上に立つ人は、人を動かすことが、仕事をするための大前提なのである。

したがって、経営者・リーダーにとっての最も重要な資質は、高潔さや高い倫理性となるのである。高潔さや倫理性を失えば、信頼と尊敬を失う。信頼と尊敬を失えば、もはや付いてくる人はいない。権力の美酒に酔い痴《し》れてはいけない。

37/100
A HUNDRED WORDS

よいアイ（愛）と悪いアイ（I）。

私がある外資系企業で社長を務めていたときのことだ。人事異動で、昇格降格を決める段階でのことである。

ふたりの問題社員がいた。人事の話では、ふたりとも成績が振るわず、努力の跡も見られないという。社員の人事に社長が口をはさむことはないが、このとき直属の上司から改めて問題社員の評価を聞くというので、私もそこに参加することにした。

問題となっている社員たちは部署が異なるため、直属の上司もふたりいる。社員の評価を話す席に社長までいて、ふたりともやや面食らった様子だったが、そのまま本題に入って行った。

ひとりの上司は、問題の社員がいかにダメかについてと、自分が彼に対し、どれだけ手を尽くしたかについて熱弁を振るい、左遷するよう主張した。要するに、上司としての責任は、十分に果たしており、それが反映されないのはすべて部下の問題に帰結するという主張だった。

もうひとりの上司は、部下の成績がここ数年振るわないのは、たしかに本人のスキルと意欲の問題ではあるが、見込みがないわけではない、事実、年度半ばに仕事の配分を変えたことによって、少しずつ意欲は上向きに変わってきている。だから左遷はせずに、もうしばらく自分の下に置いてもらいたいという主張であった。


私は、このふたりの話を聴いて、次の人事を発した。

ひとり目の上司を、役職はそのままで部下のいない部署に異動させたのである。彼には、部下への愛が欠けている。チームのメンバーが、部下に愛のないリーダーの下でどれだけの力を発揮するだろうか。もう一つ、リーダーとして大きな問題と思ったのは、彼の話には〝Ｉ（私）〟しかなかった。

オレが、オレがの我を捨てて、おかげ、おかげのげで生きよと言うが、自分のことしか考えないリーダーに部下を動かせるはずがない。きれいごとではなく本道で言えば、経営者や人の上に立つ者にとって最も重要な資質は、自分（Ｉ）という自己愛ではない。部下に対する愛という、他者愛である。

38/100
A HUNDRED WORDS

妥協とは最後にするもの。

大坂夏の陣では、真田幸村の真田丸が獅子奮迅《ししふんじん》の活躍をしたが、豊臣側はすでに冬の陣で外堀を埋める条件で妥協しており、最後には本丸まで明け渡すことになった。妥協は妥協を生み、ずるずると敗北へ向かって滑り落ちることになる。一度、下りはじめたら止めるのは難しい。

目標達成が厳しい状況に陥ったとき、リーダーが簡単に妥協しては、部下はこれ幸いとばかりにどんどん目標の水準を下げ、安きに流れがちだ。したがって、どんなに苦しい状況であっても、意思決定者は安易な妥協をしてはならない。ぎりぎりまで、どうすれば目標を達成できるかを考え、行動するのが、意思決定者の務めである。

将があきらめれば、兵はたちまち撤退をはじめる。人を動かす要諦には、人を安易な後退へと動かさない要諦もあることを忘れないでほしい。

その一方で、妥協しなければならないときもある。

この時を逃したら、千載一遇のチャンスを逃すというケースでは、妥協してでもチャンスをつかむべきであるし、無理を続ければ、疲労骨折を起こすような場合でも、妥協が必要となることもある。


環境の変化によって、目標達成が困難になったとき、会社の目標であれば下方修正をする。個人の人生の目標では達成を先送り、またはあきらめることになる。時と場合によっては妥協が必要といっても、妥協を重ねることは望ましくない。妥協グセが付く恐れがあるし、そうなればもはや妥協人生である。妥協人生は負け犬の人生だ。妥協は、考えられるだけ考え、やれるだけのことをやった後、万策尽きたときの最後の選択肢なのである。最初から行うことではない。

目標はハードルを下げて達成しても、十分な達成感は得られない。達成感がない目標では、次のチャレンジにつながらない。そもそも、はじめに妥協ありきでは、いかなる目標も、到底、達成などできないものだ。「万策尽きたときには『あきらめない』という妙薬がある」という格言もある。

39/100
A HUNDRED WORDS

ムダ話は、ムダではない。

無用の用という言葉がある。老子の言葉だ。

世の中には有用のものだけあればよい、無用のものは必要ないと言う若者がいた。老子はその若者に向かってこう言った。

「有用、無用というが、何が有用で何が無用かはわからない。君はここまで歩いてきたが、もし有用なものだけあればよいというのであれば、この地面は君が足を下ろすところだけあればよく、それ以外の地面は必要ないことになってしまうではないか。それで本当によいのか」

老子らしい例えだが、一見ムダなものでも、実はムダではないのである。ムダなことも、それなり役に立つことがある。いわばムダの効用である。

人がお互いの気心を知るには、ムダ話が役に立つ。

仕事の話ばかりしていては、人間関係が劇的に深まることはない。相手の趣味・嗜好、ものの考え方など、相手の裸の心をうかがい知るのは、ささいなムダ話からだ。そこから互いの共通点を見付けることで、人間関係が深まる。

気心の知れた、よい人間関係があってこそ、人を動かすことが可能となる。では、よい人間関係とはどんな状態なのだろうか。よい人間関係とは、ラポールのある関係である。ラポールのある関係とは、お互いに信頼し合っており、安心して何でも話せる、お互いにお互いの話を理解し合っている、心がお互いに通じ合っている状態である。

ラポールというフランス語は「調和」や、「一致」、「思いやり」という意味だ。私は「心の架け橋」と呼んでいる。ムダ話も、心の橋を架けるための大事な道具の一つと考えている。

ムダ話をすることとは、ラポールを築くうえでも重要な役割を果たす。私がミーティングで、ムダ話やジョークを推奨しているのは、チームのメンバーそれぞれの間にラポールを築くためである。よってリーダーたる者、常にポケットに気の利いた話材やジョークを二つ三つ入れておくべきである。

40/100
A HUNDRED WORDS

年上の部下に対しては"Polite But Firm"に。

多くのビジネスパーソンにとって、一番むずかしいのが年上の部下の扱いだという。創業してから間もない若い起業家の場合、会社で一番年下なのが経営者自身だということもある。

人を動かすためには、もちろん自分より年上の人を動かさなければならない。ところが、長幼《ちょうよう》の序《じょ》という文化を持つ我が国では、若輩者《じゃくはいもの》という言葉があるように、若い者は年長者を立てなければ、社会的に不適格者と見なされることが多くの場面であるのも事実だ。

会社は人間の集団であるため、たとえ若い経営者本人と年長の部下との間では了解事項のやりとりであっても、周囲は決してそうは見ないことがある。経営者として、年長者に対する態度が悪いというのは、社会的な常識に欠けると見られるだけでなく、リーダーとしての資質にまで疑問符が付けられかねない。

さりとて、お互いの立場は経営者と社員で役割が違う。では、周囲から見ても適切と思える年長の部下に対する態度とはどういうものなのだろうか。

キーワードは〝Polite（礼儀正しい）〟と〝Firm（毅然《きぜん》とした）〟である。〝Polite〟は、年長である相手の経験を認め、人生の先輩に対し失礼のないように気を配って接することだ。〝Firm〟は、リーダーとしての自分の役割を果たすべく、指示すべきことは指示し、決めるべきことは決める、毅然としてぐらつかない態度である。

役割だからといって、年の若い上司が年長の部下に対し、上からモノを言うような態度では、本人のみならず周囲の反感まで買いかねない。一方、指示の内容が年上の部下に対してだけ違うようでは、組織の規律が保てない。

伝えるべき内容は、相手が年上だからといって、下手な匙加減を加えることなく、ただし、伝え方、すなわち表現は、あくまでも失礼のない言い方を心がける、これが基本だ。〝Polite But Firm（礼儀正しく、しかし、毅然とした）〟な態度は、部下全員から見られていることを忘れてはならない。

第3章

結果を出す20の言葉

Change your world with words.

残業は悪徳と心得よ。

残業、残業で結果を出してもスマートではない。

ドイツのビジネスマンに「日本人はドイツ人よりも、年間200時間以上長く働いているが、生産性はドイツの方が高い。その理由は?」と尋ねたところ、「あなた方は長く働く(You work longer.)けれども、我々はスマートに働く(We work smarter.)」と一本とられたことがある。

徐々に減りつつはあるものの、日本では、いまだに長時間の残業を善行と考えている人が多い。私も遅くまで働いている社員を見ると、やはり「遅くまで頑張ってるね」と声をかけていたものだ。

しかし、残業についての考え方については、どうやら欧米人の方に軍配が上がるように思う。求める結果が同じであれば、残業を減らすということは、仕事の生産性を上げるということだ。生産性が上がれば、そこには結果も付いてくる。

残業を美徳として是認《ぜにん》したり、ましてや奨励してしまうと、どれだけ長く働いているかに評価が偏り、何を成し遂げたかの評価が疎かになりかねない。やるべきことをやらず、やるべきでないことをやって、結果を出していないにもかかわらず、ただただ長時間頑張っているから立派であるという誤った評価をしてしまう恐れがある。ただダラダラとやるべきでないことをやって、求められる結果が出るはずがない。「報酬は貢献に対して与えられるべきである。単なる努力は称賛の的に過ぎない」とは、ピーター・F・ドラッカーの言葉である。

もし残業を悪徳と考えれば、必要のないことはやらないように努め、仕事のやり方にも工夫や改善を試みる。不要な資料、重複した会議など、やるべきでないことを発見するスタートラインは、残業を悪徳と考えるところからはじまる。

残業を減らすことは、残業代の削減、人件費の圧縮だけが眼目《がんもく》ではない。本来の目的は、単位時間あたりの仕事の生産性を上げることであり、ひいては会社の業績・利益を高めることだ。働く人にとっては、自分の自由になる裁量時間が増えることになる。残業代をケチるなどという、みみっちい話ではない。

残業を減らした結果、業績・利益を上げることができれば、その成果は貢献に応じて社員に還元するというのが、残業削減の真の狙いである。

42/100
A HUNDRED WORDS

提案はペーパー一枚に、ポイントは三つにまとめよ。

ビジネスに対する感性の優れた企業では、書類を一枚にまとめるようにしている。

書類を一枚にまとめるうえで重要になるのは、ヘッドラインだ。ヘッドラインとは、新聞でいえば見出しである。

企画書であれ、提案書であれ、レポートであれ、ヘッドライン一行にサブスタンス（内容）が的確に反映されていれば、受け取った方は何が書かれているのか、結論は何なのかをつかみやすい。

それはすなわち、こちらの主張が的確に相手に伝わりやすくなるということだ。主張が相手に伝わらないことには、企画書も提案書もレポートも意味がない。それが認められるか、認められないか以前の問題である。

ヘッドラインは、新商品の商品名のようなものだ。ヒット商品をつくろうと思えば、ここに心血を注ぐのは当然だろう。

書類を一枚にまとめるのは日本では最近の傾向のようだが、欧米、特にアメリカの企業では、かなり前から一般化している。いわゆるエグゼクティブ・サマリーである。

もっとも日本でも、やっている人は何十年も前からやっていた。

歴代首相のブレーンを務めた瀬島龍三氏は、伊藤忠商事の若い社員に、トップリーダーは忙しいから、ペーパーは要点を三つ以内にまとめた一枚のメモにするようアドバイスしていたという。いわば、できる人のペーパーづくりのコツである。

瀬島氏のアドバイスは、コミュニケーションでも肝心なスキルだ。

経営会議では、分厚い会議資料が机の上にデンと置かれることが多いが、私は昔から資料の一番上にサブスタンス（内容）がわかるペーパー（エグゼクティブ・サマリー）を付けるよう指示していた。論旨や結論が、一枚のペーパーに短く端的に表現されている書類はスマートだ。スマートな書類をつくる人は、やはりスマート（賢い）な人であると周囲から評価される。普段から、常にポイントを三点に絞り込んで論旨を一枚にまとめる習慣を付けておくとよい。

43/100
A HUNDRED WORDS

改革（イノベーション）の前に、改善（インプルーブメント）。

改革（イノベーション）と改善（インプルーブメント）は何が違うのか。次のようになる。

輸送手段を馬から自動車に変えれば、それは改革である。馬を強くして輸送能力を上げるのは改善となる。

企業は事業環境の変化などによって、大きく変わらなければならないときもあるし、成長を続けている場合でも、大きく飛躍しなければならないときがやってくるものだ。

こうした状況にあって必要となるのは改革だ。改革は組織を揺るがす大きなリスクを伴う。前例のないことをやるガラガラポンの世界であるから、現状の否定が大前提となる。

したがって、改革は特に経営者たる人にとっては、軽視や無視することのできない仕事である。

一方、改善は塵《ちり》も積もれば山となるである。企業の地力《じりき》となる地道な日常活動である。

経費やコストを対前年比5％削減するというのは、改善である。だが、5％削減を13年間続けると約50％の削減となる。50％は改革といえる。「改善も、長くやり続ければ改革だ」ということだ。改善の継続は改革につながるのである。

私は経営者として、何度か大きな「経営改革」をやってきたが、それ以前に日常の「業務改善」を怠らないよう努めた。日々の小さな改善があってこそ、大きな改革は成功する。そして、改善は継続することによって、ときには改革にも勝る力を発揮するのだ。

個人が結果を出すためにも、同じことがいえる。

日常的に改善を続けて、小さな結果を出し続けることで、ある日、大きな結果に結び付くブレークスルーが見つかるのだ。

派手で目立つ結果ばかりを求めても、決して結果は付いてこない。大きな成功とは、小さな成功を積み重ねた結果なのである。

英語にはエレファント・テクニックという言葉がある。象を食べるには、小さく小分けして食べるという意味である。上に立つ者は、日々小さな改善の積み重ねを軽視してはならない。

44/100
A HUNDRED WORDS

現状否定、対策肯定。

「ゆでガエルの法則」という話を聞いたことがあるだろうか。

熱い湯の中にいきなりカエルを入れれば、カエルは身の危険を感じてすぐに飛び出すが、水槽の温度を徐々に上げていくと、カエルはぬるま湯に慣れ、水温が上昇しても飛び出すタイミングを失い、そのままゆで上がってしまうというものだ。

急激な変化には誰でも反応するが、変化が徐々に進むと、まだ大丈夫だろう、もう少し事態が進むまで様子を見ようと、どんどん対応が遅れてしまう。そうして、やがて手遅れになる。

ビジネスでも、人生でも「ゆでガエルの法則」はよく見られる現象だ。

ゆでガエルに陥る理由は、環境変化に対する感度が鈍いということだけではない。

ぬるま湯に慣れてしまうと、外に出るのが怖くなる。「今は昔より少し熱くなっているが、外に出たら水もないかもしれない」「ここはちょっと熱いけれども、外は氷の張った凍て付いた世界かもしれない」と、未知の世界には常に恐怖がつきまとう。

変化することよりも、現状の方がマシなのではないかと考えるのが人間が持つ一つの傾向だ。多くの人は、概して知らない世界には恐怖と嫌悪を抱く。結果として「快適ゾーン」にどっぷりと漬かってしまうのだ。

また、変化を起こそうとすれば、そこに必ず抵抗勢力が生まれる。それは集団の話ばかりでなく、ひとりの人間の心の中でも、改革勢力と抵抗勢力がせめぎ合うはずだ。そこで私はいつもこう考えていた。

・変化はチャンスである。ＣＨＡＮＧＥのＧという文字から小さな〝Ｔ〟という部分を取り去ると、そこにはＣＨＡＮＣＥが生まれる。〝Ｔ〟とは〝変化が怖い〟というＴＨＲＥＡＴという意味であり、ＣＨＡＮＣＥとは〝機会〟という意味だ。

・変化への最も愚かな対応は現状に留まることである。最大のリスクは、リスクをとらないことだ。どんな対策であろうと、安穏《あんのん》と現状に留まるよりはマシな選択といえる。これが結果を出すための考え方の基本だ。

変化を恐れず、ぬるま湯から飛び出す勇気を持つべきなのである。

45/100
A HUNDRED WORDS

己の弱みを知り、他者(ひと)の強みを生かせ。

晩年には痛ましいばかりの精神的老衰を露呈したが、若い間は戦国武将のうちでも、最も多才を誇ったのは、やはり豊臣秀吉であろう。

戦略、用兵という戦の才覚のみならず、築城や茶の湯、人心掌握の術など、何にでも秀でた才があった。しかし、その秀吉でも右筆《ゆうひつ》（祐筆ともいう）は置いていた。右筆とは、武将の手紙や文書の代筆を担当する人である。戦国武将で字が書ける人は、稀の中の稀だったのだ。

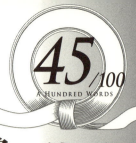

自分ができないことは、周囲にできる人を置いて、自分の弱みを補ってもらうのが、結果を出すうえでの基本原則である。結果とは、個人の手柄ではなく、チームの手柄であると認識していれば、自分の足らざるところを、できる部下や後輩に補ってもらうことに対しても、あまり抵抗を感じないはずだ。

それができないのは、どこかで「オレがオレが」の自我があるせいだろう。この手柄は誰のものかが、頭からはなれないうちは「おかげおかげ」で生きることはできない。チームの手柄はリーダーの手柄なのだから、「オレがオレが」と抜け駆けなどせずとも、「おかげおかげ」で自然と果報は転がり込んでくる。

結果を出す人とは、上手に周りの力を借りることのできる人である。

ある支店に何でも自分でやる支店長がいた。実際、何をやっても彼は支店の誰よりもよくできた。慰労会や歓送迎会でさえ、彼が仕切ると盛り上がったものだ。その彼がドイツ人との商談を行った。彼は、英語はできたが、ドイツ語は堪能というほどではない。しかし、万能を売り物にしていた彼は、今さらドイツ語は不得手と言えず、通訳を付けずに商談に向かった。結果、商談途中で彼は立ち往生してしまい、商談は思うようにいかなかった。

できる人は他人に弱みを見せるのを嫌がる。しかし、この支店長がドイツ語に堪能な部下や通訳の助けを借りれば、商談は成功したかもしれない。

本当にできる人は、自分に自信がある。よって、自分の弱みを人に知られることを恐れない。躊躇なく、できる他者の力を借りることができる。自分の面目より、チームの成功を優先するからである。

46/100
A HUNDRED WORDS

FUNな会社は、お客さまをファンにする。

「FUNでなければよい仕事はできない」。ジョンソン・エンド・ジョンソン㈱の元CEO・ジェームズ・E・バークはいつもこう言っていた。FUNとは「楽しむ」ということだ。彼の言葉の意味は、「仕事を楽しむくらいの余裕がないようでは、とてもいい仕事はできない」ということである。

逆に言えば、仕事を楽しむことができれば、いい仕事ができるということになる。ビジネスで結果を出す人は、ほぼ例外なく仕事を楽しんでいる人だ。「私にとって仕事は趣味です」と言い切る経営者は、仕事を仕事と考えていない。趣味と思っているから疲れも感じない。やっていることを楽しんでいるのだ。

経営者やリーダーとは、うまく社員・部下を乗せて結果を出すのが仕事だ。乗せるとは、楽しく仕事をさせることに他ならない。

社員・部下が、楽しく仕事ができる会社はFUN（楽しい）な会社といえる。

ＦＵＮと似た英語にＦＡＮがある。日本語でプロスポーツチームのファン、作家のファンというが、それがこのＦＡＮである。ＦＵＮな仕事をすれば、仕事のレベルが上がる。仕事のレベルが上がれば、お客さまの評価も高まる。評価が高まれば、お客さまはリピーターになる。リピーターとなったお客さまは、推奨客になり会社のファンになる。ＦＵＮな会社は、お客さまをＦＡＮ（ファン）にするのである。一方、ファンはちょっと発音を変えるとファアン（不安）になる。ファアン（不安）では仕事の出来栄えも不安になる。

では、どうすればＦＵＮな仕事、ＦＵＮな会社が実現するのだろうか。仕事は楽しいが、会社は楽しくない。会社は好きだが、仕事は楽しくない。いずれもよろしくない状況だ。しかし、いずれも改善できる状況でもある。

仕事をＦＵＮにするには、楽しい楽しいと自己暗示をかけること。次に、部下に仕事をもっと任せることだ。楽しむとラクとは違う。しんどい仕事でも、任されて主体的に取り組むことで楽しくなる。最初は苦手に感じた仕事でもあきらめずに取り組んでいると段々と上達する。腕が上がるとＦＵＮが生まれる。あきらめなければ、不安な仕事もＦＵＮになるのだ。

47/100
A HUNDRED WORDS

昇り龍のPDCサイクルを回せ。

PDCは仕事の基本である。

PDCとはPLAN（計画）、DO（実行）、CHECK（評価・学習・反省・改善）の頭文字だ。Cの後にA（アクション）を付けてPDCAともいわれるが、PDCAの実態を探ると「（P）パソコンと（D）電話で話して、（C）チェックはせずに（A）あとはよろしく」のPDCAであることが圧倒的に多い。

私はCの中にA（改善）の意味を含めてPDCと称している。

結果を出すために、PDCで最も肝心なのはCだ。

Pの計画、Dの実行は誰でもやるが、Cのチェックを疎かにしている会社が驚くほど多い。パターンは大きく分けると三つある。

①そもそもチェックが大切だという認識がない。その結果、チェックがないた

め、計画が未達成でもどこに問題があったかさえわからない。Ｃがないのだから、そもそもＰＤＣでさえない。

②チェックはするが、タイミングが遅い。年度末に計画を立て、年度頭から実行し、年度末になってチェックするのでは、とてもＰＤＣをやっていますとはいえない。チェックは仕事の質と重要度に応じて、四半期、毎月、毎週など定期的に行わなければならないものだ。

③定期的にチェックはするが、改善行動に結び付けていない。チェックはやり方を改善するために行うもので、結果に結びつかない儀式的なチェックでは、全く意味がないのである。

チェックでもう一つ大事なことは、改善案とその実行はなるべく現場に任せることだ。改善、実行の責任と権限を与えることで現場の人は育つ。

ＰＤＣはＰ→Ｄ→Ｃ→Ｐ→……と繰り返されるので、ＰＤＣサイクルと言われる。①のＣがないのは論外だが、②と③もいくらＰＤＣサイクルを回しても、一歩も前進しない、いわば二十日鼠が回し車を回しているようなものだ。

結果を出すには、評価・学習・反省・改善のＣを入れた昇り龍のＰＤＣを回すことだ。

48/100

A HUNDRED WORDS

お客さまは神さまだが、神さまの言うことにすべて従ってはならない。

お客さまは神さまである。これは私も否定はしない。

しかし、神さまは二人いることを見落としてはならない。一人の神さまは福の神であるが、もうひとりの神さまの方は貧乏神である。福の神は大事にしなくてはならないが、貧乏神には失礼のない扱いをしつつも、なるべく早く立ち去ってもらうようにするべきだ。

99％のお客は福の神である。

たとえ商品にクレームを付けてくるお客さまであっても、お客さまは我が社の技術やサービスに期待してクレームを付けているのだから、立派な福の神といえる。クレームはお客さまの強い期待と要望なのである。クレームは天の声というが、福の神のお告げでもある。

お客さまからの期待と要望に応えるのは、ビジネスパーソンの使命である。お客さまの期待と要望に応えることができれば、自然と結果は付いてくる。

しかし、お客さまの期待と要望にはすべて応えなければいけないのかというと、答えはノーである。事と次第によっては、お客さま（神さま）の声でも、応えてはいけないものがある。それは貧乏神からの声だ。

応えてはいけないお客さまからの要求、すなわち貧乏神からの声とはどういうものか。私は、次の三つのいずれかに該当するものが、そうであると考えている。

①違法なこと、公序良俗《こうじょりょうぞく》に反すること、企業理念に反することなどは、勇気をもってお断わりすべきである。バブル時代、金融機関は反社会的な勢力との取引で業績を上げた。だが、こうしたことは必ず後に発覚し深い痛手を負う。
②我が社では能力的、技術的、構造的な理由でどうしてもできないこと。
③到底利益が出る見込みがないこと。将来にわたって利益の見込みがないこともやるべきではない。これなどは、まさに貧乏神の声である。
貧乏神の声は、ていねいにお断わりする勇気を持たなければいけない。

会社と屏風は広げすぎると倒れる。

その昔、カネボウの多角化戦略は、ペンタゴン経営と呼ばれ、かつて多角化の成功例として脚光を浴びていたことがある。日本最高の企業といわれていたカネボウの名は、今はカネボウ化粧品にその名残《なごり》をとどめるばかりとなっている。カネボウの経営が行き詰まった背景に、肥大したペンタゴン経営があったのは皮肉なことだ。

新事業の開発も、多角化戦略も、重要な経営手法であることは間違いない。しかし、会社と屏風《びょうぶ》は広げすぎると倒れてしまう。行き過ぎた多角化は、往々にして本体を危うくする。結果を求めて、あれもこれもと手を広げるのは、結局は何も得られないまま、かえって事態を悪化させるものだ。

とはいえ、テクノロジーの進歩で、すでに時代遅れとなっている商品やサービスもある。本業を頑《かたく》なに守るだけでは、勝ち残るどころか、企業として生き残ることすらできないのが現状なのだ。

写真フィルムのトップメーカー、富士フイルムは化粧品、バイオの分野に進出し成功している。東レの炭素素材も多角化から生まれ、今や同社の屋台骨となるまでに成長している。多角化イコール間違った経営とはならない。

では、正しい多角化とはどんなものなのだろうか。

ここでもやはり「ザ・正解」はない。しかし、参考となる事例はある。

それは、私が日本法人の社長を務めたことのあるアメリカのヘルスケア企業、ジョンソン・エンド・ジョンソン㈱の多角化の原則だ。

同社は世界的な大企業だが、たくさんの中堅企業の集合体である。多角化は、それぞれ利益責任のある中堅企業に分散されて行われる。そのため無秩序な投資も無制限の経営計画もあり得ない。

もう一つは「我が信条（Our Credo）」と称する企業理念だ。同社はヘルスケアで世界に貢献することを方針としている。したがって、どんなに儲けが見込まれても不動産業に進出することはない。

会社の理念や哲学を逸脱した多角化が、成功することはあり得ないのである。

50/100
A HUNDRED WORDS

真の顧客満足とは、お客さまの期待を上回ることである。

お客さまの要求に応えるのはビジネスの基本だ。基本ができていれば、競争の中で「生き残る」ことができる。したがって、基本は非常に重要である。だが、基本ができているだけでは、「生き残る」ことはできても競争で他に差を付けて「勝ち残る」ことはできない。

勝ち残るためには、一段上をいくひと手間かけた仕事をしなくてはならない。

お客さまの要求に応えることを顧客満足という。顧客満足とは、お客さまにとって商品を使った後の評価が、商品を使う前に抱いていた期待通りだったということだ。期待を裏切らないのが、顧客満足である。式で表すとこうなる。

「事前期待＝事後評価」

しかし、これでは生き残ることはできるが、普通の会社である。とても勝ち残ることはできない。勝ち残るために必要なのは、お客さまの評価が事前期待を超えること、これを顧客感動という。式で表すとこうなる。

「事前期待＜事後評価」

顧客感動とは、ビールの急ぎの注文を受けた酒屋が、これはすぐに飲むのだなと察して、注文されたビールのうち何本かはよく冷えたものを配達することだ。ビールが届くだけなら顧客満足、だがひと手間をかけ冷えたビールが届くことでお客さまは感動を覚える。

お客さまの隠れた本当の要求を満たす、ひと手間やひと工夫が、満足を感動にまで昇華させるのである。


バリュー・フォー・マネー（支払ったお金に対して手に入れることのできる価値）が、事前期待を超えたときも、お客さまは満足を超え感動を覚える。一流の会社やビジネスパーソンは、顧客満足を超えた顧客感動を果たしている。

顧客満足のある会社は、社会から存在を許されるが、顧客感動のある会社は、社会から存在を求められる。そして、決してあってはならないのが顧客失望、すなわち事後評価がお客さまの事前期待を下回ってしまうことだ。「事前期待＞事後評価」という会社は、倒産予備軍である。

51/100
A HUNDRED WORDS

「あれもこれもよ」さようなら、「あれかこれかよ」こんにちは。

会社が順調なときには、経営資源にも余裕があるため、ついつい投資の規準が緩んでしまう。その結果、手を広げた部分が本業の足を引っ張ることになったとき、多額の資金を注ぎ込んでいると、資金を惜しんでなかなか撤退ができないことがある。

経営資源に余裕があるときでも、経営にとって「あれもこれも」は危険な兆候、経営者は常に「あれかこれか」を基本にして考えるべきである。

これは、企業経営だけにとどまらず、国家経営でも同様である。

限られた経営資源をどこにどう分配するかが、経営者の手腕の見せ所となる。

古来、戦術家の間では、兵力の分散が最悪の戦術といわれている。経営資源も兵力と同じ、最も効果的なところに集中して投下しなければいけない。選択と集中が必要となる。兵力の分散とは「あれもこれも」であり、廃棄と集中とは「あれかこれか」である。

結果を出すための究極の選択には、あれかこれかの絞り込みがなければならない。

「会社と屏風は広げすぎると倒れる」のところで述べたとおり、人は危機に陥ると、何とか助かろうとパニックになり、あれもこれもとやりたがる。しかし、あれもこれもでは、ますます泥沼にはまり込む。

「あれかこれか」には決断が要る。

決断という言葉は、古代の治水《ちすい》からきている。大雨で川が氾濫しそうなとき、為政者《いせいしゃ》は堤防の一カ所を切って水の勢いを殺す。堤防のどこを断つかを決めるから決断という。堤防を切られた土地は、大きな被害に見舞われる。しかし、一カ所を犠牲にしなければ全滅になる。

緊急のときにもやはり、あれもこれもと迷っていては大惨事になる。あれかこれかでなくてはならない。犠牲を伴ってでも、あれかこれかの決断ができる人が経営者といえる。あれかこれかを決断するために、経営者は日頃から胆識を鍛えておかなければいけない。

52/100
A HUNDRED WORDS

効果的プレゼンの四つの極意は「情熱・内容・話し方・人間性」。

結果を出すためには、勝負どころでのプレゼンテーション能力というものが必要である。交渉ごとや商談でも、ここが山という場面でのプレゼンテーションのインパクトが成否の鍵を握る。チームの心を一つにする際にも、プレゼンテーションの出来栄えがモノをいう。

ここ一番というとき、どうしてもこれだけは伝えたい、どうかここだけは相手にわかってほしいということを、相手の心に届かせるためのプレゼンテーションは、普段のプレゼンテーションとは違う。普段のプレゼンテーションではスキルが主たる要素となるが、勝負どころでのプレゼンテーションで重要なのが、「相手の心に訴える」という意味の「ハート」なのである。

人は論理によって説得することはできても、実際に納得させて動かすことができるのは、感情であるからだ。相手の心を動かすには、こちらも心で訴えるしかない。心で訴えるためのプレゼンテーションには、次の四つが備わっていなけれ

郵 便 は が き

1 5 0 8 7 0 1

料金受取人払郵便

渋谷局承認

7227

0 3 9

差出有効期間
平成28年11月
30日まで

東京都渋谷区恵比寿4−20−3
恵比寿ガーデンプレイスタワー5F
恵比寿ガーデンプレイス郵便局
私書箱第5057号

株式会社アルファポリス
編集部 行

お名前
ご住所 〒 TEL

※ご記入頂いた個人情報は上記編集部からのお知らせ及びアンケートの集計目的以外には使用いたしません。

アルファポリス http://www.alphapolis.co.jp

ご愛読誠にありがとうございます。

読者カード

●ご購入作品名

●この本をどこでお知りになりましたか？

年齢　　歳　　　　性別　　男・女

ご職業　1.学生(大・高・中・小・その他)　2.会社員　3.公務員
4.教員　5.会社経営　6.自営業　7.主婦　8.その他(　　　)

●ご意見、ご感想などありましたら、是非お聞かせ下さい。

●ご感想を広告等、書籍のPRに使わせていただいてもよろしいですか？
※ご使用させて頂く場合は、文章を省略・編集させて頂くことがございます。
(実名で可・匿名で可・不可)

●ご協力ありがとうございました。今後の参考にさせていただきます。

ばならない。

「情熱」があること、訴える「内容」が明確であること、適切な「話し方」であること、そしてプレゼンテーターの「人間性」が伝わることである。

情熱とは、これだけは理解して納得してほしいという点を、熱い情熱を持ってプレゼンターが語ることである。説得は冷静な論理によるものだが、納得は熱い情熱によって生まれる。情熱がなければ相手の心は動かない。

内容とは、いかに情熱を込めて話されても、話す内容が不明確だったり、話の中身が空虚であれば、やはり人は納得しない。しっかりした話の中身が必要だ。

人は、相手の話し方によって大きな影響を受ける。話し方によっては、話の印象が変わることさえある。相手によりよい印象を与えるには、話の内容以上に、表情やジェスチャーに気を配ることが大事となる。

そして、ここ一番のプレゼンテーションで最も重要なのが、話し手の人間性である。人間性は、言語の違いを越えて必ず相手に伝わる。コミュニケーションの究極の差とは人間力の差だ。人格こそが、プレゼンテーションで結果を出す最大の決め手なのである。聴く人は話す人の「人間」を見ているのだ。

53/100
A HUNDRED WORDS

運をよくする四つの方法。

高いスキルを持っており、人間力もあり、さらに情熱的に努力する人は、周囲から尊敬される立派な人物となる。しかし、運がなければ、その人物が人生の成功者と言われることはない。逆に、スキルに乏しく、人間力にも劣り、努力もしない人物でも、運にさえ恵まれれば、そこそこの成功者となることはできる。

結果を出すには運が必要、これも人生の真実である。運は、結果を支配する大きな要素であり、成功するためには欠かすことのできない、究極の決め手なのだ。では、その運とはマネジメントが可能なのであろうか。

運には、天が命じたものと、自分が運んでくることができるものがある。前者は天命、あるいは宿命と呼ばれるもので、どんなに頑張っても人の力の及ばぬものである。後者は、人の心がけや習慣によって運んでくることができる運だ。

運マネジメントが可能なのは、後者の方である。

運をよくする行動を習慣化すれば、その人の運は自然とよくなる。

運を運んでくるための行動は四つある。

第一は〝I was born under a lucky star.（われ幸運の星の下に生まれけり）〟と、自分は運がよいと信じ続けることだ。人とは自己暗示にかかりやすい動物である。自分は運がよいと強く思い続ければ、やがて本当に運がよいと信じられるようになる。自分は運がよいと信じれば、人は明るく積極的になり、周囲に人も集まる。集まってくる人が運も運んでくる。

第二は、なるべく選んで運のよい人と積極的に付き合い、運気を分けてもらうことだ。人は誰と付き合うかによって、大きく人生が変わる。

第三は、メンター（人生の師）を三人持つことだ。運にはよい運と悪い運がある。前者を幸運、後者を不運という。生きる勇気と生きるための知恵をくれる人生の師を持つことで、運び込まれた運から不運を除き、幸運に恵まれることができるのである。

第四は、学び続けることだ。運は、時代とともにある。幸運を得るためには、時代に取り残されないように、学び続けることも大切な要素となってくる。私の言葉でいえば、「学ぶ門には福来る」なのだ。

54/100
A HUNDRED WORDS

陽転の発想で人生を陽転させよ。

成功者は例外なくプラス思考の持ち主である。

彼らに共通する特徴として、明るい、いっしょにいて楽しい、ポジティブな発言をするというのがある。これらはまた、運のよい人の特徴でもある。

あるIT系のトップベンチャーの経営者の話だが、グループ企業の一つが経営危機に陥ったとき、対策としてA案とB案が残った。ところが、いずれも実行困難なプランだった。一般には、より会社にダメージの少ない方をという規準で選ぶのがセオリーだが、そのとき、この経営者は「どちらも難しいのなら、うまくいったときに、よりハッピーな方がよい」という規準でA案を選択したのである。

ネガティブな状況をポジティブに変える陽転の発想は、彼らを真似るのも方法の一つだといえる。

いかなるときもプラスに考えられるようにするには、マイナスの言葉を使わず、マイナスの言葉を使いそうになったときには、プラスの言葉に置き換える習慣を付けると、目の前の世界が変わってくる。私は、疲れた、忙しいという言葉をなるべく使わないようにしている。疲れたときには、よく働いたと、忙しいときには、充実していると言い換えている。社長時代は、社内の挨拶で「お疲れさま」を廃止し「お元気さま」に改めたこともある。

難しいは「やりがいがある」、反対だは「面白い意見だね」、もうだめだは「まだいける」というように、マイナスの言葉をプラスに変えることで、考え方もプラスになる。これが陽転の発想である。

言葉には魂がある。常に心がけるべきは、魂をネガティブにしたり、マイナス方向に向けてはいけないということだ。

プラスの言葉を使う習慣を付けると、人生もプラスになる。

コカ・コーラ社を世界的な企業に押し上げたロバート・ウッドラフは重要な言葉として次の六つを挙げた。下位から順に〝I admit I made a mistake.（私が間違ったことを認める）〟〝You did a great job.（君はよい仕事をした）〟〝What is your opinion?（君の意見は？）〟〝If you please.（どうぞ）〟〝Thank you.（ありがとう）〟。そして最も重要な言葉は〝We（我々）〟であり、最も重要でない言葉が〝I（私）〟である。

55/100
A HUNDRED WORDS

CHANGE YOUR WORLD WITH WORDS

できる人は、タイよりマスを好む。

前項の補足になるが、人の姿勢は言葉づかいに表れる。

慎重な人は、何を言うにも真綿で包むような言い回しをして、断定的な言い方を避ける。楽天的な人は、どんなときでも明るく前向きなことしか言わない。

「むずかしい、とてもできない、ひまがない、人も足りない、金も足りない」というのは、私がつくった「他責の歌」である。

これは他責の人が頻繁に使う言葉を選んで並べたものだ。こういう言葉を使っているうちは、結果など出るはずがない。

他責の人は、常に自分以外に責任を転嫁してモノを言うし、自責の人はなにごとも自分の問題として語るものだ。意識する、しないにかかわらず、言葉づかいにはその人の個性が忠実に反映される。オレが、オレがは、利己的な自己中の人の決まり文句である。それに対して、チームを優先する人は、ワレワレが、と

言う。

結果を出す人の言葉づかいと、結果の出ない人の言葉づかいは語尾が違う。

結果を出す人は、○○しますと「マス」をつかい、結果の出ない人は。○○したいと「タイ」を使う。タイは願望に過ぎないが、マスは実行宣言であり、コミットメントである。どちらが結果を出すかは明らかであろう。

結果を出す人は宣言効果をうまく利用しているのだ。

○○します。と宣言することには、心理的な効果がある。

大勢の前で宣言することは、一種のパブリック・コメント（大勢の前で公約すること）となり、その結果、宣言した言葉の実現度が上がるといわれている。

政治家は、やりマスと宣言しながら、実際にはタイで終わってしまう人がほとんどのようだ。景気回復をしマス、福祉社会の実現を果たしマスなどの公約（コミットメント）が、実践されて、成果をあげたという感覚はない。

「タイ」は願望を意味する言葉だが、もう一つ、実現できなかったときに「やりマス」と言ったじゃないかと、結果責任を追及されるのを避けるための逃げの言葉でもある。

数値化されるものは実行に移される。

目標を達成するには、正確にその目標の実行の経緯と、結果が測れるものを設定することが望ましい。つまり、数字で表せるものは、数字で表すことが原則だ。

したがって、「頑張ろう」とか「一生懸命にやろう」では、スローガンにはなったとしても、目標とするにはふさわしくない。「昨年よりも売上を伸ばす」でも、不十分である。

適切な目標とは、昨年よりも三割売上を上げる、営業利益を5%改善する、シェア（市場占拠率）を5%上げるというように、数字が入った目標である。さらに、年間の目標を四半期ごとに落としこんだ、途中経過の数値目標を立てることで、具体性は高まり数値化の精度が高まる。数値化できるものは、実行に移される（What gets measured gets done.）。

逆に言えば、数字のない目標では実行が伴わないということになる。つまり、結果が出る・出ないは、目標を立てる段階ですでに決まっていると言えよう。目標には、必ず数字を入れるべきだ。

中には、数値化が難しい目標もあるかもしれない。しかし、数値化できない目標というのは、実はめったにないものだ。英語をマスターするという目標は、数値化できないように見えるが、マスターするまでに達成すべきことは多い。「TOEIC850点を今年中にとる」でもよい。最終目標が数値化されていると途中にある中間目標のほとんどは数値化できる。

一日に単語を10憶《おぼ》え、三ヵ月で1000、一年間で4000の単語を憶える。一日に英文を何ページ読み、三ヵ月でどれだけ、一年間何ページ読むという目標は立てられる。英語のマスターも、このようにすれば数値化は可能だ。

能力のある人であれば、こうした目標を難なくこなすだろう。

しかし、大事なことは、能力のあるなしよりも、小さな目標をきちんと達成し続けることにある。鍵となるのは、実行と実現の習慣化なのだ。「エクセレンス（卓越）とは能力ではなく、小さなことの積み上げである」（Excellence is a thousand details.）というアリストテレスの言葉もある。

57/100
A HUNDRED WORDS

正しい目標はSMARTである。

目標を達成するには、きちんと実行することが重要と多くの人は考える。もちろん、実行が大事というのは正しい。わかっていてもやらなければ、わかっていないのと同じである。いくら立派な目標を立てても、きちんと実行されなければ、目標はあってなきが如し、絵に画いた餅である。

しかし、目標を実行する以前に、目標そのものが正しく設定されているかどうかが、目標の実行、および結果にも大きく影響する。数値化もその一つだ。では、正しい目標設定には、他にどんな条件が必要なのだろうか。

正しい目標設定は、自分の目標であっても、部下の目標であっても同じだ。結果を出すための目標設定には、ＳＭＡＲＴが必要である。ＳＭＡＲＴは賢いという意味だ（たしかに賢い目標の立て方ともいえる）が、ＳＭＡＲＴとは次の五つの言葉の頭文字である。

S　Stretch（背伸びして届くレベル）、M　Manageable（目標をマネジメント可能な数に絞り込む）、A　Accepted（納得）、R　Resource（資源の裏づけ）、T　Time（時限設定）の五つが正しい目標の五条件である。

目標は、少し背伸びをすれば手が届くストレッチ目標がよい。やってやれないことはないという、やや困難さを伴う目標に挑戦し達成することで人は成長する。目標の数は三つか、最大でも四つか五つのマネジメント可能なものに絞り込むことだ。先述の通り「すべてを追えば、すべてを失う」という意味の言葉もある。目標は会社から押し付けられるのでなく、双方が納得したものでなければ我がものとならず、何が何でも達成しようというコミットメントが生まれない。

素手や竹槍では戦には勝てない。目標には、達成するために最低限必要な資源（リソース）の裏づけは必要だ。資源とは、人、物、資金、情報、時間等である。そして、目標には「いつまでにどれだけ」という時限設定（締め切り）が必要だ。時限設定のない目標は、目標ではない。単なる願望である。願望だけで成功した人は、この世にひとりもいない。

58/100
A HUNDRED WORDS

人生もビジネスも〝トレード・オン〟。

世の中には陰と陽がある。相反するこの二つが一つになって、世界はでき上がっているというのが陰陽論だ。実際、一見矛盾するものを両立させる絶妙のバランス感覚こそ、世の中を治める核心であろう。

その一方で、現実には、あちらを立てれば、こちらが立たずという状況に直面することも多い。こうした二律背反の状態のことを英語で〝Trade Off（トレード・オフ）〟と言う。何かを得るには、何かを犠牲にしなければならないということを意味している。

「一見矛盾するものを両立できるのが一流の人である」（41ページ）のところでも述べたが、一流の人はトレード・オフを基本にはしない。あちらも立てて、こちらも立てる「トレード・オン」を追求するのが一流である。

では、トレード・オンを実現するにはどうすればよいのだろうか。本当に、あちらも立てて、そのうえで、こちらも立てる方法などがあるのだろうか。

ある。それも日本に古くからある手法で〝Excellent〟な結果を出すことができる。近江商人の「三方《さんぼう》よし」である。近江商人の「三方よし」とは、売り手よし、買い手よし、世間よしのことだ。

一流の会社や人は、「一方よしでも二方よし」でもなく、さらに一歩進んで三方よしを狙う。

一般に、顧客満足のためには価格を抑え、利幅を犠牲にしがちだ。利幅を犠牲にすれば、仕入れ先に値引きを求めることになる。一方のためにもう一方が犠牲になる構図だ。では、三方よしにするにはどうすればよいか。

顧客満足を顧客感動に高めれば、状況は変わってくる。

感動したお客さまは、価格で動かされないため、値引きを必要としない。そうであれば、仕入先には高い品質は求めても、無理な値引きを求める必要がない。買い手も、売り手も、仕入先も、三方どれも犠牲にしない。三方よしのトレード〝オン〟が成立する。

そう考えてみると、「売り手・買い手・世間」の三方よしを唱える近江商人の商道は優れた経営の真髄（エッセンス）と言えるのかもしれない。

59/100
A HUNDRED WORDS

コツコツカツコツ。

コツコツカツコツは、わたしの言葉の中でも歴史（？）があり、しかも多くの人から好評を得ている言葉の一つである。人生では、コツコツとやり続けることが、やがて確かな結果を残すことにつながる。コツコツが勝つためのコツなのだ。

派手なホームランで大量点を狙うより、着実に一点ずつ得点を重ねることが最終的な勝利につながる。小さくてもコツコツと一歩ずつ結果を出し続ける人が、やがて大きな成果の山を築くことができる人となる。

我々は、インプットばかりしていて、アウトプット（結果）の少ない人のことをついつい馬鹿にしがちだ。コツコツ努力していることは認めても、結果が十分出ていない人のことは能力がないと見なしてしまうことがある。

しかし、忘れてはいけない。インプットのないアウトプット（結果）はあり得ないのだ。一つ下手をすると、「出て行け！」とアウトプットされかねない。

一流のスポーツ選手は、口を揃えて「練習でやっていないことをゲームでできることはない」と言う。原材料がないのに、製品ができ上がるはずがない。ろくに練習もせずに、試合で結果が出せる選手はいないのだ。

人生は長距離レースだ。短期間の結果だけを見て、人がコツコツ続けているインプットの努力を否定するなど大きな間違い。長距離レースや長期のリーグ戦では、必ず最後にはインプット（練習量）の差が勝敗を分ける。祈祷師《きとうし》は、なぜ雨を降らせることができるのか。雨が降るまで祈りをやめないからである。

コツコツカツコツは、コツコツ克つコツでもある。一見地味なコツコツ努力は、ライバルの派手なパフォーマンスに見劣りすることがある。しかし、人生で最大の敵は、ライバルではなく、ライバルに動揺する自分自身の心にある。ウサギとカメの競走で、ウサギはカメを見ながら走った。カメは目的地（ゴール）を見て歩いたという寓話《ぐうわ》もある。

野村克也氏の言うとおり「敵は我に在り」なのだ。ライバルに勝つためには、まず自分自身の焦りや油断、あきらめの心に克たなければならない。コツコツと努力を続けることは、自分に克つための方法でもある。自分に克てない人が他人に勝てるはずがない。

60/100
A HUNDRED WORDS

上手にKISS（キス）をしよう。

シンプル・イズ・ザ・ベストという言葉がある。

数学の世界でも、数式はシンプルなものがエレガントであるとされている。アインシュタインも物理学の法則はエレガントでなければならないと言っている。特殊相対性理論の$E=mc^2$も、ニュートンの運動法則である$F=ma$も、いずれも実にシンプルな方程式である。真実とは、すべからくシンプルなものだ。

したがって、ビジネスにおける原理原則もシンプルである。

ビジネスで結果を出すのは、アメリカ人がよく言う〝Keep it simple and speedy.（単純化せよ、迅速化せよ）〟が大事なのだ。私は、この頭文字をとって、「上手にKISSをしよう」と言っている。

日本式の経営でも、ビジネスで結果を出すための言葉として「入るをはかりて、出ずるを為す」とか「凡事《ぼんじ》徹底《てってい》」、また「拙速は巧遅に勝る」などがある。

インプットを怠らないのに、なかなか結果に恵まれないと思っている人は、思い切って課題を単純化してみることだ。あれもこれもと課題を増やさず、あれかこれか、二つに一つと課題を絞れば、解決策も単純化される。

ビジネスで、インプットがアウトプットに結び付いていない人は、往々にして物事は単純化した方が成功するという、肝心な原理原則がわかっていない。単純化とは、捨象する作業だ。したがって、結果を出すためには、足し算だけでなく引き算も学ぶべきなのである。

繰り返しになるが、ビジネスでは「タイミング・イズ・マネー」である。せっかくのグッドアイデアも時機を逸すれば、ただの思いつきに過ぎない。時機を得るのに最も肝心なのはスピードである。単純化と迅速化ができれば、結果は必ずついてくる。これでも、まだ単純化と迅速化の重要さがわからない人には、もう一つ別のＫＩＳＳで決め付けるしかない。

〝Keep it simple, stupid.（単純化せよ！　このバカ者）〟

第4章

優れたリーダーになる20の言葉

Change your world with words.

マルドメはマルダメ。

インバウンドによる外国人観光客の消費は、日本のGDPを年率で0・4%押し上げるといわれている。今や日本の産業で、グローバル化の影響を全く受けないものはない。国内市場だけの産業と思われていた業種であっても、インバウンドのお客さまが海外からやってくるし、また、企業（中小企業も含め）も市場を海外に求めて、次々と日本から飛び出している。

居酒屋チェーンは、すでに海外展開をはじめて久しく、日本食文化の輸出に伴い、長らく国内市場で低迷を続けていた日本酒メーカーも、現在は海外市場に向かって活気を取り戻しつつある。

グローバル人材という言葉が、すでに旧聞《きゅうぶん》に属するほど、現代のビジネスパーソンにとって、グローバル化は真正面から受け止めなければならない課題となっている。

自分たちは、国内市場で日本人だけを相手にビジネスを行いますという、時代遅れのドメスティックな姿勢では、少子高齢化が進み、国内需要が頭打ちとなる経営環境の中では長続きが困難である。「我が社は未来永劫、日本の中で日本人だけを相手にするのだ！」という丸っきりドメスティックな発想では、まるでダメなのである。私は「マルドメはマルダメ」と言っている。

リーダーとは、自分自身が人財（会社の財産となる人）である。しかし、マルドメでマルダメな人では人罪（周囲にマイナスを及ぼす人）か、せいぜい人在（リーダーにはなれないフォロワー）だ。

では、どうすればよいのだろうか。グローバル人財というと、すぐに語学力を連想するが、語学力より大事なことがある。それは、ダイバーシティ（多様化）に対応し、柔軟な精神と態度でそこにビジネスチャンスを見付ける力だ。

そこで重要になるのが〝Respect for Difference.（違いを尊敬する）〟〝Agree to Disagree.（不同意に同意する）〟である。

異文化を異文化として認め、受け入れリスペクトするマインドこそ、グローバルビジネスに対応する肝である。ちょっと固く言えば「違いに対する寛容と尊敬」だ。語学は重要なスキルだが、どんなに語学ができてもマインドがなくてはビジネスができない。ビジネスチャンスをモノにする原点はマインドの力だ。

62/100

A HUNDRED WORDS

よいリーダーは、よいフォロワーでもある。

できる支社長は上手に本社を使って成果を上げる。できる支社長は、支社の社員にとってよいリーダーであるとともに、本社の上司から見ればよい部下である。よいリーダーとは、部下に対してよいリーダーシップを発揮するとともに、ときには「うまく上司を動かすことができる」よいフォロワーでもある。人に仕えることのできない人は、人を使えない。

部下が上司を動かすことをボス・マネジメントという。

ボス・マネジメントは、立派なビジネス手法の一つである。私は、ボス・マネジメントの要諦は、中国の古典で世界最古の帝王学といわれる『貞観政要《じょうがんせいよう》』にならって「八つほめて二つ異見」にあると考えている。ほめられて怒る人は誰もいないのである。

おだてやお世辞など喜ばないという立派な人格の上司に恵まれれば、いきなり異見を述べても聞き入れられるかもしれないが、世の中にはそうそう心の広い立派な人は多くない。

　上司の人格が見事でないからといって、ボス・マネジメントをあきらめてしまっては、やりたい仕事もできない。そのうえ、自分の部下にも迷惑をかける。相手を喜ばす「ほめ」の材料を日頃から仕込んでおくことも、ビジネスパーソンにとって大事な基本動作である。


　本当にできるリーダーというのは、うまく上司に使われ、すなわちよいフォロワーになって、上司の仕事に付加価値を提供し、共感やサポートを取り付ける。つまり、優れたリーダーは、一方でフォロワーとしても優れているのだ。

　優れたフォロワー（部下）は、ときに上司をリードする「リーダー」でもある。フォローができない人には、リードもできない。

　リーダーであるときも、フォロワーであるときも、心得ておきたいのは竹下登元首相の言葉にある「汗は自分でかきましょう。手柄は人にあげましょう」だ。自分が汗をかいたことであっても、手柄は喜んで人にプレゼントすることである。人に対するプレゼントという「投資」は、いつか利子が付いて自分に還ってくる。

優れたリーダーは、優れたコミュニケーターである。

経営とは人を通して結果を出す技である。人を通して結果を出すためには、人が正しい方向に向かって正しく動けるように、指示命令が正しく伝わらなければならない。指示命令の本当の意図が部下に正しく伝わってこそ、成果が期待できるというものだ。

したがって、優れたリーダーに求められる資質や能力の中で、最も高く求められるのは優れた「コミュニケーション能力」であるというのは至極当然で、この言葉が古今東西でいろいろな人の口から述べられている理由もそこにある。

リーダーである以上、コミュニケーションの努力を怠るのは、リーダーとしての責務を怠るに等しい。私はチームリーダーに就いた頃から経営者時代に至るまで、ずっと部下とのコミュニケーションを最重視してきた。

経営者やリーダーたる者、あるいはそれらを目指す人は、まず優れたコミュニケーターになることを目指すべきである。

そのためには、コミュニケーション・スキルを磨くことも大切なことだ。しかし、ときに伝え方以上に重要になるのが、伝えようとする側の人間性や信頼性であることも見逃してはならない。

人は「できる人」より、「できた人」の方に信を置き、魅かれるものだ。人は人間性豊かで信頼する人、つまりインテグリティの高い人からの言葉に従おうとし、やる気も刺激される。言葉だけで「君ならできる」「君には期待している」とキレイなことを言われても、お互いの心が通っていなければ、言葉がキレイであればあるほど、それらの言葉は空しく響く。

良寛和尚《りょうかんおしょう》は、旅先で名主から息子の放蕩《ほうとう》を止めさせるよう頼まれ、ただ息子の愚痴にも似た話をていねいに聴いた。その結果、自分は良寛和尚から一人の人間として尊重（リスペクト）されたと感じた息子はすっかり行状《ぎょうじょう》を改めたという。

一般的に普通の人は、良寛和尚のように何も言わず、ただ聴くだけで相手の心を動かすということはできないが、豊かな人間性や篤《あつ》い信頼感がコミュニケーションの効果を高める重要な要素になることは、この逸話からもわかるだろう。

人が育っていないのではない、人を育てていないのだ。

「嚢中（のうちゅう）の錐（きり）は自ずから頭角を顕わす」と言う。

詩人の高村光太郎は、宮沢賢治の何回忌かの法要のときに、生前は無名だった宮沢賢治が、死後に国民的作家となったことを、この言葉を用いて称えている。優れた作家や作品は、いつか必ず世の中に認められるものだ。

嚢中の錐に相当する逸材は、100人中3人くらいはいるといわれている。全体の3％くらいは、特に指導・訓練をしなくても、自助努力で一人前に育つ人だという。いわゆるセルフメイド（独立独行）の人である。

創業経営者の多くは、この3％タイプだろう。

たとえ実際の創業者ではなくても、自分で自分を育てられる人は創業経営者タイプである。このタイプの人が、人が育っていない状況を見れば、どうして育たないんだと、育っていない部下を見る度に憤慨することとなる。

一部の人罪は負債だが、会社に対して貢献度の高い人は、最も重要な経営資源である。このことに異論を挟む人はいないだろう。経営資源である以上は、そのうちの3％だけを当てにするのではなく、97％を占める人々を資源化して有効活用しなければもったいない。宝の持ち腐れとなってしまう。リーダーは人という経営資源の価値を高め最大限に活用したうえで、結果を出すことが仕事である。

では、人を育てるには何をすればよいのか。

「孫子の兵法」では、戦う相手が自分たちより強いか、弱いかを見極めるために、比較するポイントを四つ挙げている。その四つとは「君主はどちらが人心《じんしん》をつかんでいるか」、「将軍はどちらが優秀で、兵隊はどちらがよく訓練されているか」、「信賞必罰《しんしょうひつばつ》はどちらが明確か」、そして「天の利」、「地の利」はどちらにあるかである。

人を育てるためのポイントは、はじめの二つにある。特に重要なのは、人心をつかむことだ。次に将軍（経営幹部）を育てることだ。兵隊（社員）の訓練と育成という「人育て」は、将軍（経営幹部に）とっての最大の責務である。

部下に「頑張れ！」は禁句である。

2015年ラグビー・ワールドカップで史上初の連覇を遂げたニュージーランドチームのキャプテンは、ゲーム前に常に「今日やるべきこと」をノートに付けていた。そのノートの最後の一行には、必ず〝Enjoy（楽しめ）〟と記したという。

スポーツの世界では、かなり以前から「頑張れ」より「楽しめ」が主流になっているようだ。「頑張れ」は、選手に思いのほかプレッシャーをかけるため、よりよいパフォーマンスを発揮させるには、リラックスできる「楽しめ」の方が効果的らしい。

ビジネスシーンで考えてみよう。

上司が部下に「頑張れ」と言うときは、純粋に好意からの励ましという場合がほとんどだろう。しかし、上司は励ましのつもりで「頑張れ」と言ったとしても、部下にその気持ちが正しく伝わるとは限らない。むしろ部下には「何をやってるんだ。この能なしめ、もっと努力しろ！」というふうに伝わっているかもしれない。

再度繰り返す。コミュニケーションで重要なことは、自分が何を言ったかではなく、実際に相手に何が伝わったかである。

リーダーからの励ましの言葉は、「頑張れ」ではなく、常に「頑張ろう」であるべきだ。

なぜなら、「頑張れ」では誤ったメッセージを送る恐れがある。部下からすれば、「頑張れ」は激励ではなくプレッシャーと響くのみならず、「お前は死ぬほど頑張れ。オレはこれからゴルフに行く」と言われているようにも聞こえる。

部下は励まされたと感じるどころか、孤独感、孤立感を覚えるかもしれない。

「頑張ろう」は、相手を突き放すことなく、相手に寄り添う言葉である。「オレもやるからオマエもやれ」とか、「君のことをちゃんと気にかけているよ」という一体感を感じさせるようなメッセージが伝わる。「頑張れ」と「頑張ろう」は、わずかな違いだが、どちらが部下のやる気につながるかは明白だろう。部下の気持ちで考えれば、効果的なのは「頑張れ」より「頑張ろう」だ。

66/100

A HUNDRED WORDS

過去の経験と失敗から学べ。

太平洋戦争が終結した後、往時《おうじ》の高級将校たちが集って反省会を行ったことがある。そこで出てきた発言は、「自分ははじめから負けると思っていた。戦争には反対だった」という、耳を疑う自己弁護ばかりだった。

仮に、本当に失敗したのは他人のせいで、自分自身は正しかったとしても、これではリーダー失格である。

人間には二種類の人がいる。「過去の経験や失敗から学ぶ人と学ばない人」である。失敗から学ぶことができてこそ、人は成長する。

失敗するからこそ、次のチャンスで失敗の経験が生かせるのだ。失敗しても、他人のせいや運が悪かったせいにばかりして、失敗から何も学ぼうとしなければ、同じ失敗を何度も繰り返すことになる。

一回目の失敗は経験である。二回目は確認である。ここまでは周囲は認めてくれる。だが、三回、四回と同じ失敗を続けているのは愚鈍《ぐどん》の表明であり、だんだんと人の視線が冷たくなってくる。冷ややかな視線の意味するところは、「このバカ者！」である。

バカ者には、到底リーダーは務まらない。人生には失敗がつきものだが、バカ者とは失敗から何も学ばない人間であり、リーダーとなり得る人とは、失敗から学び成長の肥やしにできる人間である。

「七転び八起き」という言葉がある。転んだら起き上がればよい。

松下幸之助氏の言葉にも「コケたら立ちなはれ」というのがあるが、転んだ経験からしっかり何かを学ぶことを、「転んでもただでは起きない」という。

失敗から学ぶには、何が大事なのだろうか。

他責の人は、永遠に失敗から学ばない。まず自責の人であることが肝心だ。どんな原因で失敗しても、失敗は失敗である。失敗を公然と認めることは、ときにしんどい思いをする。さらに、それを自分が間違っていたためと認めるのはつらい。しかし、そこから逃げていては、永遠に成長はない。「原因自分論」を信じて実践する自責の人であってこそ、真のリーダーになり得るのだ。

67/100
A HUNDRED WORDS

経営に「ザ・正解」はないが、「原理原則」は必ずある。

会社は生き物である。生き物であるからこそ、平均寿命24年ほどで死んでいくのだ。

生き物である会社は、それぞれ異なった性格や個性がある。A社で成功した手法を、B社で導入してみたら全く成果に結びつかなかったということもよくある。

なぜなら、仮にA社とB社が同規模の同業種であったとしても、経営者が違う、社員が違う、社風が違う、そして見落とされがちなことだが、会社の生い立ちが違う。会社の生い立ちとは、その会社の歴史であり、その結果として培われた企業文化である。人に個性があるように、会社にも必ず個性があるのだ。

会社の体質は、会社の個性によって決まる。体質に合わない薬は、副作用のリスクの方が大きい。したがって、どの会社にも必ず通用する経営の「ザ・正解」という特効薬はない。

正解がないのだから、経営にはそのまま使える「模範解答集」もない。こういうケースではこれでよし、という決め手となる参考書がないのが経営なのである。では、何の手がかりもないまま、経営者は会社を引っ張っていかなければならないのだろうか。そうではない。

経営には必ず「原理原則」というものがある。リーダーにとって、経営の原理原則は生き残り、勝ち残るための基本技と言ってよい。「原理原則」とは、地域、国籍、時代、企業規模等の違いにかかわらず、普遍的に通用するものだ。

例えば「売り手よし、買い手よし、世間よし」という近江商人の経営の原理原則は、江戸時代でも、21世紀の今日でも立派に通用する。いわゆるＣＳＲ（企業の社会的責任）という概念は、日本では江戸時代から存在するのだ。正しいビジネスを行う会社であれば、会社の個性や体質にかかわらず通用するのが、経営の原理原則である。これは、時代が移っても変わらない不変の真理であり、いかなるビジネス、いかなる会社にも当てはまる普遍の真理でもある。

我流自己流にしがみ付くのではなく、自分の個性は生かしながらも、経営の原理原則を学び続けること、それを実践し続けることはリーダーの責務である。

権限委譲と権限放棄とは、別ものである。

ビジネスでは、現場の意思決定がないと、迅速な対応ができない場合がある。問題が発生したときに、いちいち上にお伺いを立てていては手遅れになりかねない。そのために、権限の一部を現場に与えることを権限委譲（Delegation）という。

しかし、権限委譲には、正しい権限委譲と間違った権限「異常」がある。権限「異常」にも二つある。与えてはいけない権限を与えてはいけない立場の人に与えるケースと、与えるべき権限を与えるべき人に与えていないケースだ。では、いかなる権限を与え、どのような権限は与えてはいけないのか。

ここにも原理原則がある。経営者が与えてはいけない権限とは、ＷＨＡＴ（何をするか）を決める権限である。そして、部下に与えるべき権限は、ＨＯＷ（どうやるか）である。これを別の言葉で表現すれば、戦術は部下に委譲すべきだが、委譲してはいけないのは戦略の決定である。決定に到る過程で部下の意見に耳に傾ける必要はある。だが、最終決定は経営者の責任である。

その一方で、戦術の決定と実行はできるだけ現場に近い部下に任せるべきである。経営者が戦略（WHAT・何をやるか）を決めて、下に実行を指示したら、そのやり方、すなわち戦術（HOW・どうやるか）については、とことん任せることだ。どうやるか（HOW）についてまで、いちいち経営者が口を突っ込むようでは、一種の「越権行為」となるし、部下は育たない。

反対に、すべてを下に丸投げし、実行状況には全く無関心で、うまく行かなかったら下の責任という態度では、今度は権限放棄（Abdication）である。

任せるには、必ず結果報告に加え、中間報告を受けるというプロセスが伴う。あらかじめ報告の時期を定め、部下からの報告を受けるというのが基本動作だ。報告の決めごとなしに任せるのは権限委譲ではなく権限放棄である。部下に任せたきりで、アドバイスも何もしないというのは間違いだ。

また、権限はそこに必ず責任が伴う。権限を委譲した部下に生じるのは実行責任と結果責任の両方だ。上司は、実行責任は部下にとらせ、結果責任は自分が負う。「最後の骨はオレが拾う」という覚悟のない人は部下を持ってはならない。

69/100

A HUNDRED WORDS

機会は平等に、処遇は公正に。

「そもそも平等でない人を平等に扱うことほど、不平等なことはない」という意味のお釈迦さまの言葉がある。

人には個性がある。得意不得意は、人によってそのジャンルや内容が異なるものである。

プレーヤーとしてはスーパースターだった選手が、チームを率いたときに必ずしもよい結果を出すとは限らない。求められ、発揮すべき能力が違うのだ。

同様にモノづくりの現場では、抜群の技術を発揮する人と、リーダーとして集団を率いて業績を上げる人では、どちらも一流という点ではいっしょでも、その能力は異なる。リーダーたる者、人の扱い方や処遇については、細心の配慮が求められるのは言うまでもない。

適材適所というが、その実践とはどういうものだろうか。この点については、あまり言及されていないように見える。私は、人事については次の二つが肝心だと考えており、また実践をそれなりにしてきたことである。それは「機会（チャンス）は平等に、処遇は公正に」だ。人は一人の人間としては万人平等であっても、個人個人の能力には違いがある。体力一つとっても、老人と若者では大きく違う。能力の差も大きい。それを全て平等に扱うことは基本的に間違いであり、むしろ罪悪とまでいえる。

マネジメントで平等を守らなくてはならないのは、機会の平等である。例えば、社員に対する教育訓練は極力平等に行わなければならない。上司による指導も平等に行うべきだ。また、新しい仕事にチャレンジする機会も平等に与えたい。チャンスは極力平等でなければいけない。

平等に与えられた機会を活用して仕事を行った結果は、人によって差があって当然である。したがって評価・処遇は平等（イコール）ではダメで、公正（フェア）であるべきだ。正しい意味での差別待遇である。社員に公正と認められるためには、評価・処遇の基準に明確さと公正さ、透明性があるということが前提となる。つまり、誰が見ても当然と思える、疑いのない（または少ない）評価・処遇制度であることが大事なのだ。「機会は平等に、処遇は公正に」が原則なのだ。

70/100
A HUNDRED WORDS

利益には「三つの顔」がある。

ビジネスパーソンに、会社は何のためにあるのかと質問すると、三人に二人くらいが「利益を上げるため」と答える。さらにその理由を尋ねると、「会社は利益を上げることで、社員の給料や税金を支払うことができて、次のステップのための投資もできる。だから、会社は利益を上げなくてはいけない」と言う。

これは半分正しい。しかし、リーダーにとってより重要なのは残り半分だ。利益には「三つの顔」がある。「目標」と「手段」と「結果」という顔である。

非常に短期的には、会社にとって利益が目標となることもある。社員に給料を支払い、配当金という形で株主に還元するためには、今年どうしてもこれだけの利益を確保しなければいけないという場合、今年に限って利益は目標となる。

会社にとって、利益のもう一つの側面は「手段」である。会社の持続的成長（サスティナビリティ）を担保するための手段である。設備投資や新商品開発、人財育成のための原資は、利益を上げていなければ出てこない。

内部留保の取り崩しには、おのずから限度がある。利益の三番目の顔は「結果」である。それも「継続的結果」である。

今年の目標利益という短期的なものではなく、持続的な利益という望ましい結果を出すためには、正しいプロセスを経ていなければならない。したがって、プロセスが正しいかどうかが、持続的成長を目指す全ての会社にとっての決め手となる。

経営者のマネジメント能力やリーダーシップ能力を高め、社員の能力（スキル・マインド）を高め、商品やサービスの品質を高めることにより、顧客感動を実現する。その結果、持続的成長を遂げることが可能となる。

この正しいプロセスをないがしろにして、短期的目標として利益を求めているだけの会社は、短期の利益は上げることができても、持続的利益を上げることはできない。持続的成長は覚束《おぼつか》なくなる。経営者たる者は、利益には「三つの顔」があるということを忘れてはならない。

71/100
A HUNDRED WORDS

会社の最大の差別化要因は、人と企業理念である。

「天の時、地の利、人の和」という言葉がある。天の時、地の利とは、いわば、たまたま親の代からやっていた店の近くに観光スポットができて、たまたま円安で外国人観光客のインバウンドが増え、店が大繁盛するようになったということである。

天の時、地の利は、多くの場合与えられた状況があり、自力で切り開いたものではないので持続力は弱い。真の差別化要因となり得るものは、自力の企業努力の結果もたらされる、長期的に他社に差を付けるものである。設備投資やM＆Aも会社を大きくする重要な手段だが、同規模の資金力を持つ企業同士では、相手も同等の設備投資、M＆Aを行なえるので、競合他社を凌ぐような大きな差を付けることは難しい。したがって、最終的に勝負を決めるのは人の和、それも「人財の総和」ということになる。

他社との究極の差別化要因は、経営者をはじめとする全社員の品質の差である。

仕事は人が行うのだから、人が最大の差別化要因というのは至極当然のことだ。人を育てるには時間がかかるため、そう短期間に差は付けられない。M&Aやヘッドハンティングは、短期間に人のスキルを手に入れることはできるが、往々にして組織や人の和を乱すことがあるのが最大の潜在的な弱点である。

天の時、地の利、人の和は、孟子の言葉で、正確には「天の時は地の利に如かず、地の利は人の和に如かず」とあり、国の力は第一に人の和で決まると言っている。人の和とは、集団にいる人の力の総和と読むことができる。企業の力は人の力の総和に他ならない。では、どうすれば集団のメンバーの力を一つにまとめることができるのだろうか。

メンバーの力は、理念の下に一つになる。一体感の醸成《じょうせい》を図るリーダーが、心得ておかなくてはならないのもこの点である。企業理念の効果については先述したが、集団のメンバー個々のやりがい、生きがい、仕事への誇りのほかに、理念にはメンバーのベクトルを一致させ、一定方向に導くための求心力としての力もあるのだ。そのためには条件がある。

それは、理念を生かしていること。その理念をリーダーが体現していることだ。理念を体現したリーダーの下に、人の力は結集するのである。

勝ち組会社は価値組会社。

私がつくった「経営のフローチャート」（左図参照）がある。

スタートは経営者品質からだ。経営者品質が上がれば、その影響を受け、時間とともに社員品質が上がる。社員品質が上がれば、商品・サービスの品質が上がる。商品・サービスの品質が上がれば、顧客満足（感動）度が上がる。顧客満足（感動）度が上がれば、業績が上がる。業績が上がれば、企業の価値が高まり、株主への配当も上がるし、株価も上がる。

株価が上がれば、株主の資産価値も上がる。株主の資産価値が上がれば、株主の経営者に対する評価と期待度がさらに高まる。株主の評価と期待度は、その高さに応じて、経営者自身の品質をさらに高める強い動機付けとなるので、株主の経営者に対する評価と期待度が上がれば、経営者品質はさらに高まるという好循環が生まれる。このフローの中で特に重要なのは、満足度を含んだ社員品質の高さと、顧客に「バリュー・フォー・マネー（支払った価値に対して得られる価値）」を提供し続けているということである。

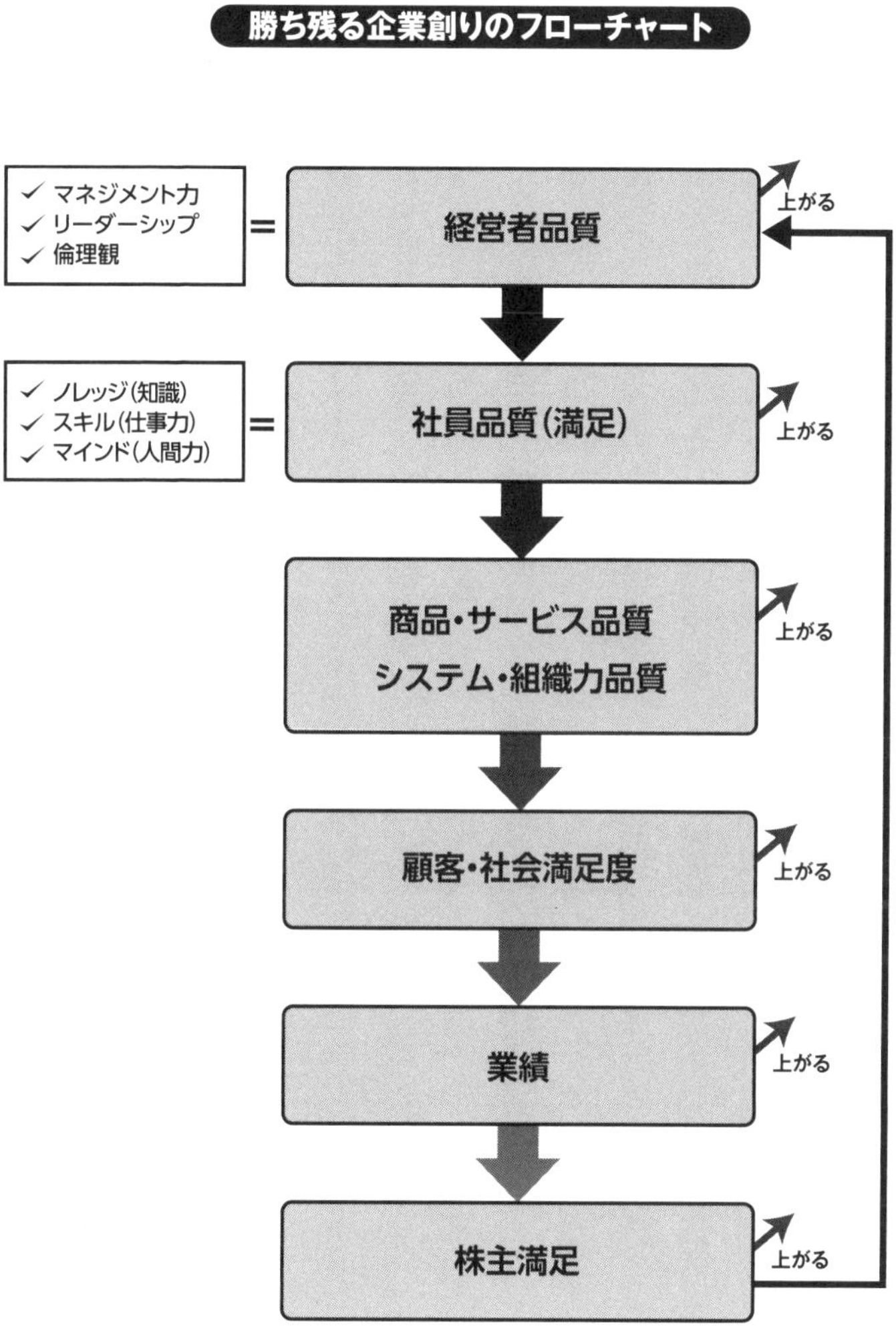

73/100
A HUNDRED WORDS

上に立つものは「八聴き二喋り」を徹底せよ。

部署の懇親会が、その主催者である部長や課長の独演会になるのはよくあることだ。だいたいその話の中身も、自分の過去や現在の自慢話ばかりで、しかも事実よりも過大に美化されたり脚色されていることが多い。当世風に言えば「盛《も》っている」のである。

こうした「盛った話」は、人を盛り上げるどころかシラケさせてしまう。聞いている部下はちゃんとわかっており、本人が帰ったあとの二次会で美味しくもない酒の肴にされてしまうものだ。

懇親会では、部下の話を聞くことに専念するのが（少なくとも努力目標としては）私の現役時代のやり方だった。酒の勢いとはいえ、部下が胸襟《きょうきん》を開いて話をしてくれる機会は貴重なものだ。コミュニケーションの原理原則では、酒席のコミュニケーションは必須条件ではないが、チャンスは大いに有効活用すべきであるという考えだった。

良寛和尚が旅先で土地の名主の放蕩息子を立ち直らせた話を紹介したが、良寛和尚は放蕩息子の話を聴くだけで、なにも説教めいた話はしなかった。しかし、高名な僧侶である良寛和尚が自分の話を積極傾聴してくれたということで、放蕩息子は心を動かされ、改心し行いを改めたのである。聴く力は侮れない。

同期入社の中で一番早く課長になった当時、コミュニケーションで一番重要なのは情報の共有と思っていた私は、積極的に情報提供を繰り返した。つまり、私の方が一方的にしゃべっていたのである。今考えてみると、説教じみたことも言ったかもしれない。

しかし、どうも部下の反応が悪い。

私はこのとき、心の通わないコミュニケーションをいくらやっても、情報共有はできないことを悟った。心を通わせるためには、相手の話を聴くことこそ重要だ。聞くではなく聴く。聴くは耳と心と目で聴くことである。心がなければ、ただぼんやり耳で聞いているだけで心に響かない。だから、当然心は動かない。

このときから私は、聴くのが八割、喋るのは二割を原則とした。話し上手より聴き上手になる方が大切だということである。

74/100
A HUNDRED WORDS

経営者にとって情熱とは、十分条件でなく必要条件。

私は昔から「情熱なき経営者は去れ」と言っている。ビジネスの成功法則は〈(仕事力＋人間力)×情熱×運・縁〉だ。人間力の根源とは、信頼と尊敬である。これは、経営者にも、一般ビジネスパーソンにも共通する。仕事力と人間力では、人間力の比重の方がはるかに大きい。対するに、情熱と運・縁はそれがゼロであれば、掛け算の結果、全体をガラガラポンとゼロにしてしまう影響の大きい要素である。影響の大きさでは情熱も運・縁も同レベルである。よって経営者の成功確率をゼロにしてしまうのは情熱と運・縁である。私がなぜ「情熱なき経営者は去れ」や「運のない人はダメだ」と言うか、これでおわかりいただけるだろう。

情熱は、人を説得するうえでも重要な決め手となる。また、情熱のあるリーダーと情熱に乏しいリーダーのどちらに人がついて行くかも言うまでもない。情熱は、人を導く人にとってなくてはならない、必須の条件なのである。

では、情熱の源泉は何か。すなわち情熱とはどこから生まれるのだろうか。

経済的にもっと豊かになりたい、社会的に高い地位に就きたいというのも、情熱の源泉になり得る。アップルの創業者であるスティーブ・ジョブズの唱えるところの、いわゆるハングリー精神である。しかし、私の経験ではこうした個人的な欲求から生まれる情熱は長続きしない。私は、経営者の情熱の源泉には、やはり理念があると考えている。理念とは、「理想を念じる」という意味である。理想、志、信念、使命感。英語で言えばビジョン〝Vision〟がこれに近い。

人種的な迫害のない公平な社会をつくるという強い理念を抱き、27年間の獄中生活を耐え、一国のリーダーとなったネルソン・マンデラ氏の不屈の情熱を支えたのは、「虹の国（さまざまな人種が共に幸福に暮らせる国）」をつくるという使命感だった。使命とは「命を使う」という意味だ。

何のために経営をするのか、何をもって社会に貢献するのか、そういう個人レベルの欲求を超える信念や使命感が、リーダーたらんと志す人の情熱の火を燃やし続ける不断の燃料となるのである。

そして、リーダーは自身の情熱の火で社員を燃えさせなければいけない。

75/100
A HUNDRED WORDS

経営者に必要なのは自信、危険なのは過信・慢心・傲慢。

自信に溢れている人は頼もしい。人は頼もしい人に惹かれるものだ。したがって、自信もリーダーに求められる条件の一つである。人は実績を積み重ねるほど自信を持つ。では、実績を上げるために必要なのは何だろうか。それは、スキル・マインドという能力を存分に発揮することである。つまり結果を出すことで本当の自信が持てるのだ。

自信の醸成を図るためには、もう一つの方法がある。意識して「自分はできる」と思い続けることによって生み出す自信である。

つまり、内心は不安でも、意識して「自分はできる。必ずできる」と自分に強く信じさせることが、この自信だ。人間は、半分以上が自己暗示の生き物である。「できる、できる」と強く自分に言い聞かせれば、やがて本気でできると思えるようになるものである。

そして、その結果、本当にできるようになるのだ。

一方、結果の積み重ねは自信を高めるが、度が過ぎると過信・慢心・傲慢《ごうまん》へと陥る。過信・慢心・傲慢とはどういう状態か。共通する点は「人や経験から学ばない」ということである。傲慢の行く末には、破滅という名前の化け物がパックリと人を呑みこもうと口を開けて待ち構えている。


過信……人の意見を聴かなくなる。情報に鈍感になる。

慢心……競合相手を過度に見下す。自己中心の情勢判断をする。

傲慢……周囲をイエスマンで固める。結果として、状況を正しく把握できない裸の王様となってしまう。


過信・慢心・傲慢の状態を称して「有頂天になっている」とも言う。

有頂天とは仏教用語で、三段階の天界のうちの第一階層の頂点、最も高いレベルなのだが、修行を重ねやっと有頂天まで登ってきても、ここで油断して修行を怠るとまっさかさまに下へ転落してしまうという罠が仕掛けられている。

過信・慢心・傲慢に陥った例を歴史に求めれば枚挙に暇がないが、桶狭間《おけはざま》の合戦のときの今川義元、朝鮮出兵を命じた豊臣秀吉、ローマ帝国の暴君ネロ、酒池肉林で有名な中国古代帝国、殷《いん》の紂王《ちゅうおう》などが代表的だろう。

伸びる会社は「学ぶ会社」である。

中国古典の『大学』には「日に新に、日に日に新に、また日に新たなり」という一文がある。

人も会社も、植物が枝を伸ばすのと同様、常に新しい芽が生まれ、その後にまた新しい芽が吹くということを繰り返して成長するものだ。毎日、少しずつでも、昨日よりも今日、今日よりも明日というように成長を止めない。

できるリーダーや経営者が持つ性質の一つは、常に「まだまだだ」と考えて「もうこれでよい」がないことだ。会社がどんなに伸びたとしても、どこまでも新しい課題を見付けて解決の手段を探し続けるのである。「これでよい」は、引退するまで永遠に訪れない。

課題が無限であれば、解決手段（打つ手）も無限だ。

新しい課題の解決には、古い経験や知識では手に負えないこともある。新しい課題を解決するのに新しいやり方が必要ならば、新しいことを学ぶしかない。新しいことを学べば、またそこから新しい課題が見つかることになる。

リーダーや経営者が新しい課題を見付け、解決に取り組めば、現場もまた現場レベルで課題の解決に取り組まねばならない。付いていく社員は大変だが、社員もまたしんどいプロセスを経ることで成長することになる。学ぶ会社とは、経営者もリーダーも社員も学び続ける会社（Learning Organization.）である。会社全体が、まさに「日に新に、日に日に新に、また日に新たなり」となるのだ。

こうした活動で最も効果の高いのが、「社員共育」となる。私は、教育とはただ教えるではなく、結果として共に育つことだと思っている。まさに「共育」である。リーダーには「共育者」であるという重要な責任が求められている。


では、停滞する会社とはどういう会社か。それは、今日は昨日の延長、明日もまた今日と同じく過ごせればよいとみんなが考えている会社だ。これでもういいや、と課題に目をつぶり学ぶことを止めた会社は、過去の会社となる。「将来の成功を妨げる最大の敵は過去の成功である」（26ページ）という言葉もある。

伸びるリーダーには、「もうこれでよい」がないのである。リーダーシップとは、終わりのない旅である。

77/100
A HUNDRED WORDS

「朝令暮改」は説明責任を伴って行うべし。

朝令暮改とは、朝に発令されたことが夕方に変わるということで、リーダーからの指示命令や方針がコロコロと変わることを指して言われる。

基本的によい意味では使われない。思いつきで見当はずれの指示命令を出した上司が、にっちもさっちも行かなくなって、慌てて指示命令の変更をする、だいたいこんなイメージが朝令暮改であろう。しかし、朝令暮改にも二種類ある。悪い朝令暮改と正しい朝令暮改だ。

悪い朝令暮改が常態化している職場では、方針も指示命令も「どうせまた変わるから」と現場の社員が方針や指示命令を軽んじて本気で取り組まなくなる。リーダーの言葉が信用されなくなるのは、悪しき朝令暮改の最大の問題点だ。

では、正しい朝令暮改とは何か。正しい朝令暮改とは、経営者やリーダーがきちんと説明責任を果たしたうえで変更を行うものだ。朝令暮改するときには、必ず部下にとって納得のいく説明があることが、正しい朝令暮改の条件である。

急激な円高や円安といった為替の変動などによって、収支見通しが変わり、当初の計画を変更せざるを得なくなることがある。想定を超えた外的要因による計画変更は、ビジネスの世界ではあり得ることであり、ときには必要ですらある。

また、事前の情報収集が不足だったために見通しを誤ったということもあったかもしれない。したがって「朝令暮改」を行うときには、部下に対する説明責任（アカウンタビリティ）を果たさなければならない。納得できる説明であるためには、事実に基づいた説明が必要なのだ。

納得できる説明には、「なぜ変えるのか」「何をどう変えるのか」「変えた結果、どこに向かうのか」「そのために何をやるのか」が必要だ。正しい朝令暮改であれば、リーダーへの信頼は揺るがない。変化が急激な現代でビジネスを行う以上、朝令暮改はやむを得ないどころか、時と場合によっては必要である。状況が変わっているのに、方針や指示命令を変えられないのは自殺行為ですらある。

78/100
A HUNDRED WORDS

「長命会社」ではなく、「長寿会社」をつくれ。

世の中には三つの会社がある。

潰れる会社、生き残る会社、勝ち残る会社、この三つである。潰れる会社というのは文字通り倒産する会社である。

生き残る会社とは、なんとか踏ん張って採算を合わせている会社で、別の表現をすれば「長命会社」であり、「潰れていない会社」と言える。存在はしているが、成長は期待できない、やっと生きている。そういう会社が生き残る会社である。しかし、潰れる会社よりははるかによい。

勝ち残る会社とは、たとえ100年続いている会社であっても、依然として未来に向かって収益性を伴った成長を続けている会社である。勝ち残る会社は、時代に応じて事業領域や業態は変わっても、企業理念や活力を失うことがない。

会社は、永続的に繁栄するゴーイングコンサーンでなければならない。永続的に繁栄する会社が、勝ち残る会社であり、すなわち「長寿会社」なのである。

「長寿会社」をつくるのは経営者の最大の責務だ。永続的に繁栄する会社をつくるには、繁栄を継続する経営を行わなければならない。繁栄を継続することができて、はじめて経営者は本物だと言える。すなわち、一流の経営者とは「継栄者」と言い換えることのできる人物なのである。

一方、会社を潰す経営者は経営者失格と断じざるを得ない。なんとか会社を潰さずに頑張っている経営者は、経営者としての仕事はやっているものの、それだけでは普通の経営者である。

では、どんな会社が「長寿会社」なのか、その条件を挙げてみよう。

・同業他社に比べ業績の伸び率が優れている
・同業他社に比べ社員の企業理念、方針に対する理解度が高い
・同業他社に比べ新分野、研究開発への投資が大きい
・同業他社に比べ改革・変革が進んでいる

勝ち残る長寿会社になるか、生き残るだけの長命会社になるかは経営者次第だ。

79/100
A HUNDRED WORDS

経営者の究極の通信簿は、後継者をつくることである。

人財中の人財は誰であるべきか。

それはふたりいる。現経営者本人と未来の経営者、すなわちその会社の後継者である。

後継者は、はじめから後継者なのではない。人材から人財となって、はじめて後継者となり得る。

日本の経営者は、後継者選びはするが後継者づくりにはあまり熱心でないように見える。時機を見て、「今いる候補」のうちから最善の人を選ぶ経営者は多いが、将来を見据えて若いうちから後継者を育てている経営者は、私の見るところでは稀と言わざるを得ない。

サクセッション・プラン〝Succession Plan.〟という後継者育成のシステムがある。GEの元CEO・ジャック・ウエルチが、その実践者として有名である。

若いうちに、全世界の社員の中から後継者候補を選び、10年以上かけて、順次、課題と実務での条件をクリアした者だけを残していくシステムである。順次篩《ふるい》にかけられ、最終的には二人の後継候補に絞られる。ジャック・ウエルチは、二人のうちからジェフリー・イメルトを後継者に選んだ。

サクセッション・プランは、その内容と評価の基準が公開されている。最終的には現経営者の指名で決まるにせよ、その結果と結果に到るまでのプロセスについては、誰もが納得できるものという利点がある。難点は、10年、20年と時間がかかるということだ。だが後継者育成とは、それだけの長い時間をかけて行う価値と必要性の高いものなのである。

サクセッション・プランを活用するうえで、後継者をつくる有効な手段はあるだろうか。ある。それはこれまで何度か述べたとおり修羅場を経験させることだ。経営者は、後継者と見込んだ人間に数多くの修羅場をくぐる「チャンス」を与えることである。

経営者にとって、会社を潰さないことは絶対に必要な条件であるが、「継栄」を図るためには、自分が職を辞したときにバトンを渡すことができる後継者をつくらなければならない。経営者は継栄者でなければならない。

80/100
A HUNDRED WORDS

会社は「BIG」の前に「GOOD」であれ！

会社の成長とは、会社の規模が大きくなることと考えがちだ。

自分の会社がビッグカンパニーであることは、経営者にとっても、社員にとっても誇らしい。しかし、ビッグであることが正しい経営の結果であるかとなると、それは怪しい。会社の大きさが、経営の「ザ・正解」によるものとは限らないからだ。リーダーは、ここを見誤ってはならない。

巨大な企業が、深刻な経営問題を抱えていることは極めてよくあることだ。最近になって、中国の国営企業（いずれも世界的に見て巨大な企業）の経営問題が表面化しはじめたが、日本でも巨大な赤字の国有企業があった。旧国鉄（現ＪＲ）である。日本全国の鉄道網を自社で所有し管理することで、国鉄は巨大企業となるとともに巨額の赤字を背負うこととなった。

経済学には、「規模のメリット」という言葉があるが、現在、規模のメリットを享受できるような産業が日本にいくつあるだろうか。

規模のメリットの代表選手だった、巨大な産業である製鉄会社やセメントメーカーは、軒並みその規模を縮小することで生き残りを図っている。

ＧＭＳ（総合スーパー）のトップだったダイエーは、今イオングループの傘下にあり、その名も消えようとしている。日本全国に店舗を持つダイエーチェーンの創業者である中内氏は、かつてチェーンストア業界の押しも押されもせぬカリスマリーダーであった。しかし、過剰な設備投資と在庫はダイエーの経営を悪化させていったのである。

よい経営とは正しい（グッドな）経営のことで、会社を大きく（ビッグ）にすることではない。グッドの条件とは、社員満足、顧客満足を果たした結果として株主満足を実現しているということである。

どんなに大きくても経営状況が悪くては、ビッグとはいえてもグッドではない。ビッグである前に、そもそも会社はグッドでなければいけないのだ。経営者は、会社を大きくする前に、よい会社をつくることを心がけるべきである。グッドでビッグな会社をグレートカンパニーと言う。リーダーはまずグッド、そしてグレートカンパニーづくりを目指すべきである。

第5章

人間力を高める20の言葉

Change your world with words.

81/100
A HUNDRED WORDS

会社育ては人育て、人育ては自分育て。

凡人は実を見て実を思い、一流の人は実を見て木を思うという、英語の諺《ことわざ》がある。実を見て実を思うとは、会社の業績を見てよい会社を育てたなと思うことだ。実を見て木を思うとは、会社の業績を見てよい社員を育てているなと思うことである。

会社育ては人育てに他ならないからだ。会社の業績は社員の品質の総和である。私は、実を見て木と土を思う。木がよいのはその土がよいからだ。土が育たなければ、木は育たない。土とはその会社の歴史や文化、風土、習慣、そして何にも増して経営者の手腕である。

人を育てるためには、「まず隗よりはじめよ」で、経営者自分自身が育たなければならない。会社の成長は経営者自身の成長の結果であり、経営者自身が成長すれば会社も成長する。経営者にとっての自分育てとは、経営能力、リーダーシップを中核としたスキル（仕事力）に加え、マインド（人間力）という器のレベルアップに他ならない。

会社は、社長の器以上にはならない。では、社長の器とは何だろうか。

ビジネスパーソンの能力はスキル（仕事力）×マインド（人間力）だが、経営者と社員ではその中身は違う。「カッツの法則」で有名な経営学者のロバート・カッツは、スキルをテクニカルスキル（実務遂行のスキル）、ヒューマンスキル（人間関係のスキル）、そしてコンセプチュアルスキル（先見力や全体を把握するスキル）の三つに分けている。

三つのうち求められる比重が高いのは、現場の社員ではテクニカルスキルだが、立場が上がるに従い、コンセプチュアルスキルに比重が移ってくる。これが「カッツの法則（またはカッツの理論）」と呼ばれるものだ。経営者の自分育てとは、このコンセプチュアルスキルとマインド（人間力）が中心となるが、私はこれに「人を育てる能力」を加えたい。

カッツの法則

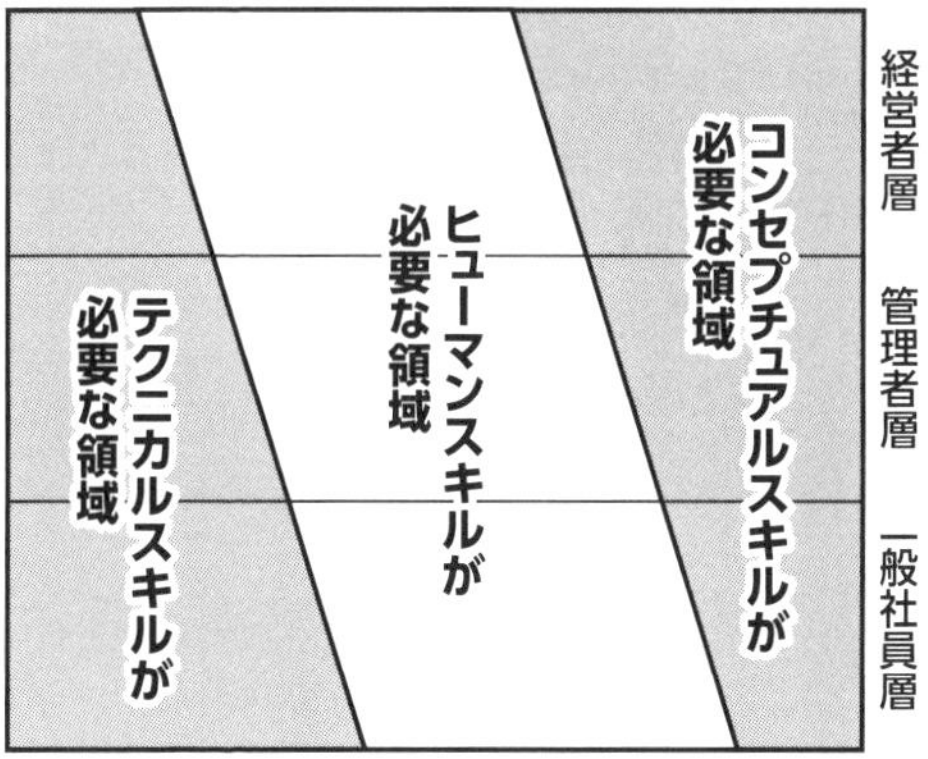

82/100
A HUNDRED WORDS

「経営学」とは「人間学」である。

何度も繰り返す。私の経験的持論だが、経営者の仕事とは人を使って成果を出すことだ。人を使うとは、人を動かすことである。人を動かすには、動かす相手のことを理解していなければならない。会社の経営でも、国家の経営でも、肝心なことは「人の何たるかを理解すること」にある。したがって、実学としての経営学はスキルだけではない。MBAで学ぶケース・メソッドの知識でも不十分だ。実学としての経営学の柱は人間学であり、経営力とは究極的に人間力によって発揮されるものである。

帝王学もまた人間学である。なぜなら、人間がわかっていない君主やトップリーダーでは、一流になることはできないからだ。

そもそも、経営も、政治も、人を相手にして行うものである。国も、会社も人の集団だ。リーダーにとって、人とは何かを学び、人間力を高めることは、必修科目なのである。では、どうすれば人を理解することができるのか。

人間を学ぶには、人間に学ぶしかない。多くの人に会い、虚心坦懐《きょしんたんかい》に話を聞き、曇りのない目で、その人の思考や行動を見て学ぶ必要がある。論理で考え、感情で動くのが人間である以上、最も重要なのは心の動きのメカニズムを知ることだ。つまり、人間学の第一歩は人の心の動きを理解することにある。

先見力や洞察力、大局をつかむ力はリーダーに求められるスキルであるが、この種のスキルがあれば人が喜んで付いて来るかというと、そうではない。人は、リーダーの人間力に魅せられて付いて来るものだ。スキルが高い人を「できる人」と言う。人が「この人のためなら」と思うのは、「できた人」である。そして、優れたリーダーは、仕事力も人間力も高い「できた、できる人」である。

独善的にすべて我流自己流で判断し、それを他人に押し付けたり、他人の心を理解しようとしない人は、スキルはあっても人間力に欠ける。一方、人間力は高くてもスキルのない人では、使いものにならない。どちらも「できた、できる人」とは言えない。

経営者たらんとする人は、仕事の能力に卓越していると同時に、人間として信頼も尊敬もできるという「できた、できる人」を目指さなくてはならない。

83/100
A HUNDRED WORDS

病人に晴れ着を着せても、所詮病気は治らない。

若い人の間では、ジャケ買いという言葉があるようだ。ジャケ買いとは、CDであればジャケット、本であれば表紙カバーのデザインが気に入って商品を買うというような、中身ではなくパッケージによって決まる消費行動である。

パッケージがきれいであったり、入れ物が高級であると、中身まで立派なような気がする。コカ・コーラは、日本でも、アメリカでも同じ飲料であるが、容器の製造コストは段違いに日本が高い。ビールのラベルでも、日本のラベルは、他の国のラベルよりも多くの色を使っている。日本人は、中身に加えてパッケージ重視の国民性だ。アメリカ人は「日本人は容器を買っているのか、中身を買っているのか」とよく言うが、それもあながち見当ハズレの批判ではない。

しかし、パッケージとは、所詮は包み紙である。

諸説あるが、人は九割が方見た目で決まるという話がある。人も上辺《うわべ》は着飾ることができる。しかし、人間力は飾りたてることができない。なぜなら、人間力は、その人の中身そのものであるからだ。外見は包装紙で飾ることができても、中身は実力で勝負するしかない。包装紙とはＭＢＡを取得しているとか、資格を保有しているとか、大企業の役職者であるとかいう肩書きのことだ。

人だけではない。企業でも、90年代前後にＣＩ活動が盛んに行われた。社名を変えたり、マークを新しくしたり、上辺を美しく変えていった。日本航空もこの時代に、それまでの鶴のマークからＪＡＬに改めたが、会社の実態は何も変わらなかった。そして、稲盛和夫氏の手腕でやっと会社が変わったときには、また鶴のマークに戻った。

着る物を立派にしても、着ている人の人間が立派になることはない。人の真価である人間力は、その人が地位や権力を失ったときにこそ、はっきりと分かる。すべての地位を失って、故郷の鹿児島に帰った西郷隆盛の下に、新政府の人間を含め多くの人々が集ったのは、まさに西郷隆盛の人間力の大きさゆえである。

人間力の大きさとは、その人のコンテンツ（中身）の量で決まる。パッケージ（外見）がどんなに美しくても、コンテンツが腐っていては価値がない。

84/100

A HUNDRED WORDS

ワンマンとは、自分の能力の限界を知らない人である。

一人の力よりも三人の力の方が強い。三人寄れば文殊の知恵という。一人で考えるよりも、大勢の知恵を借りた方が可能性は広がる。これは誰でもわかる当然のことだ。ワンマン経営者は、概して「できる人」である。周囲の誰よりも自分の方が優れていると考えているため、相談したくても周りに相談できる人がいない（と思い込んでしまう）。

ワンマン経営者は、我が社にはできる人がいないから、自分ひとりで何でもやらなくてはならないのだと言う。

しかし、人がいないからといって、いつまでも社長が自分ひとりで何でもやっていては、部下は永遠に育たない。ワンマン経営者の弱点は、往々にして人の力を引き出すのが下手なことだと言えよう。そのため周囲に人が集まらず、その結果人も育たない。

一流の経営者とワンマン経営者では、どこか違うのか。

経営者とは、最後は独りで決断しなくていけない。独りで決断する点では、一流の経営者も、ワンマン経営者も同じように見える。しかし、決断に到るまでの前工程が違う。一流の経営者は決断の前に、社員全員に徹底的な議論をさせ、意見を聴いている。一流の経営者は、社員の徹底的な議論を経て、最後に経営者が一人で決断することを「衆議独裁《しゅうぎどくさい》」と呼ぶ。ワンマン経営者には、この前工程がない。衆議のない独裁は、ただの独裁だ。ただの独裁では、誤解と偏見を伴いがちとなる。

ワンマン経営者もスキルは高い。ワンマンと一流経営者の差とは、結局、人の能力を引き出して活用するという「用兵力」の差なのである。

一流経営者とワンマン経営者の違いはもう一つある。一流経営者は、WHAT（何をやる）は自分で決めるが、HOW（どうやる）は、極力現場の担当者に任せる。「どうやるか」について、一流経営者は口を出したい気持ちを律して現場には容喙《ようかい》しない。

何をやるか、どうやるかも、すべて自分で決めてしまうワンマン経営者には、社員の話を聴く、任せるというプロセスがポカンと欠けていることが多い。任せられない原因は、経営者の用兵力不足である。人が育たない原因は、経営者自身の行動にある。

85/100
A HUNDRED WORDS

人財育成の第一歩は、自分自身が人財になること。

人財とは、「できる、できた人」、すなわち仕事力と人間力の高い人である。

地方へ講演に出かけて行くと、講演終了後の懇親会で「我が社には人がいない」という中小企業の経営者の嘆きの声をよく聞く。

地方では、人口減少による影響で人手が足りないという現実も確かにあるが、ここでいう「人がいない」という中小企業経営者の悩みは、人が育っていないということではない。人を育てていないということだ。

人財というのは、突然、天から降ってくるものではない。どんなに優秀な新入社員を採っても、採用した段階ではまだ全員がジンザイの四種類（32ページ）でいうところの原材料という意味の「人材」である。人材は、正しい育成を経て人財となる。それは、大企業であっても、中小企業であっても変わりはない。「人材」や「人在」から、人財へと成長させる方法については、他のページでも触れているが、基本中の基本は経営者・リーダー自身がよき人財の手本となることだ。経営者やリーダーが人財でなくて、どうして部下を人財にすることができるだろうか。

生きたお手本のことを英語ではロールモデルという。

経営者や上司の言動は、社員全員から厳しい、ときには意地悪い目で監視されている。これも諸説あるが、「上、三年にして下を知り、下、三日にして上を知る」という表現がある。経営者や上司がロールモデルとなれば、自然と社員もそれに倣《なら》って行動し、発言し、考えるようになる。人財育成もまた「まず隗よりはじめよ」ということだ。これもまた大企業であっても、中小企業であっても変わりはない。

経営者・リーダーであれば、スキル（仕事力）はすでにそこそこに高いはずだ。したがって、磨くべきはマインド（人間力）が中心である。人間力を高めることによって、部下が「あの人のようになりたい」とか「あの人に付いて行きたい」「あの人のためなら」と思うようなロールモデルとなれるのである。

念のために言うが、経営者やリーダーのスキルを、単なる業務能力と勘違いしてはならない。なにも経営者がパソコンの達人である必要はないのだ。経営者に最も必要なスキルは、言うまでもなく経営能力とリーダーシップである。

86/100

A HUNDRED WORDS

組織も人もムチャをすれば潰れ、ムリをしないと伸びない。

目標には、大目標（目的）と大目標に至るまでの中目標、小目標がある。途中の中目標、小目標を達成することで、人も会社も成長し大目標（目的）に手が届くようになるのだ。途中の目標は、本人の成長につながるものでなければならない。

では、成長促進に役立つ目標とは、どんな目標なのか。望ましい目標のレベルとは、先述したとおり、現状の自分の力では届かないが、少し背伸び（ストレッチ）をすれば届く目標だ。人も、会社もストレッチ目標を立て、一つひとつそれを達成することで成長する。逆の言い方をすれば、いくら達成しても成長につながらない目標では、正しい目標とはいえない。正しいストレッチ目標を乗り越えることで人は伸びるのである。

修羅場が人をつくる。昨年とは違う目標、昨年よりも高いストレッチ目標に挑戦するのが目標設定の基本である。ただし、挑戦と無謀な冒険とは違う。暴虎《ぼうこ》馮河《ひょうが》の類を挑戦とは言わない。それはムチャな目標（オーバーストレッチ）だ。

今の自分にできる安全圏に目標を設定するのも、正しい目標ではない。努力と工夫がなければ達成できないストレッチ目標にこそ、成長のきっかけがある。

人が伸びれば会社も伸びる。では、人の成長につながる目標の条件とは何か。それは先述したとおりＳＭＡＲＴな目標（１３４ページ）である。

不可能にチャレンジすることは、一流の人を目指すうえで必要なことだが、どんなに理想的で見事な目標を掲げても、それが実行も実現も不可能では、目標はムリを超えてムチャなものとなってしまう。

では、ムリとムチャを分けるのは何だろうか。やってやれないことはないというムリな目標なのか、やるべきではないムチャな目標なのかは、ＳＭＡＲＴの条件を満たしているかどうかで判断できる。

人と会社の成長につながる正しい目標とは、「ＳＭＡＲＴ」をクリアした目標である。

87/100
A HUNDRED WORDS

快適ゾーンからの脱却を図れ。

「現状に完全に満足したら、それは落伍者である（トーマス・エジソン）」

現状に留まることを望み、変化を嫌う人には二種類ある。一つは、ある程度、名誉ある地位に昇りつめた人で、余生はのんびりと我が世の春を謳歌《おうか》したいという人たちである。いわゆる大企業、大組織の役員クラスの人たちには、この種の人が少なくない。彼らは、平社員から一歩ずつ昇進し、やっと車も秘書も交際費も付く、最高に居心地のよいポジションを手に入れたので、この快適ゾーンから出たがらない。

もう一種類の人は、成長しない会社、伸びない社員に多くいるタイプだ。今日は昨日の延長、明日も今日と同じ一日になると思い込み、いつもと同じ仕事を習慣的にいつもと同じようにこなすことに甘んじている人たちである。厳しい言い方をすれば、心身ともに負け犬根性が染み付いており、這い上がることをあきらめ、負け犬のままでいることに、一種の居心地のよさを感じてしまっている人たちだ。

変化を嫌うという習性が、勝ち組と負け組で共通しているのは奇妙なことだが、いずれも重大な危機に陥るのは時間の問題である。

なぜなら、本人たちがいくら変化を嫌おうとも、経営環境は否応《いやおう》なく変わるからである。英語の〝The only constant is change.（唯一変わらないのは変化である）〟という言葉どおり、この世で唯一変わらないのは、経営環境を含め、世の中が変わり続けるということだ。いくら現状が快適であっても、そこにしがみついている限り、勝ち組はやがて負け組となり、負け組はずっと負け組のまま、世の中から取り残されてしまう。

変化に対応するには自ら変わる以外にない。変わることを妨げる背景には、変わることで失敗するのではないか、自らの安全が脅《おびや》かされるのではないかという恐怖がある。こうした恐怖に打ち勝つのも「意志の力」という人間力だ。快適ゾーンから出るための人間力を鍛えるには、普段から汗をかき、恥をかくとよい。汗をかくとは外に出て、世の中を直に見て人と交わることである。恥をかくとは、新しいこと、不慣れなことに積極的にチャレンジすることだ。

88/100
A HUNDRED WORDS

メンターが三人いれば、人生はバラ色になる。

日本経済新聞に長期連載されている「私の履歴書」に登場する人々に共通することが二つある。一つは、全員が何らかの世界での成功者であること。そしてもう一つは、それぞれ若いうちからメンター（師）を得ていたことである。メンター（Mentor）とは、人生やビジネスに関する知恵や生きる勇気を授けてくれる人、尊敬できる師のことだ。我々は、自分の人生によきメンターを得るとともに、その一方で、我々自身が、誰かの人生のよきメンターでありたいものである。特に経営者やリーダーは、自分が社員のメンターとなれるよう心がけるべきである。

メンターから得られるものは、知恵と勇気だけではない。よきメンターは、また人間力のロールモデル（生きたお手本）でもある。メンターこそ、人間力を学ぶための、最も有効な教本だといえる。メンターが三人いれば、大きな失敗は避けられる。失敗しても立ち上がることができる。だから人生はバラ色なのである。

そのメンターを見付ける方法について、ここでもう少し補足を加えたい。

繰り返しになるが、メンターとはよき理解者であり、求めれば快く相談に応じてくれる人である。経験に支えられた豊富な知識と知恵と見識を備えた人であり、尊敬できる人である。このメンターの条件を見ると、自分とメンターとの間には、前述したラポール（信頼）の関係があるとわかるだろう。

しかし、人間は、尊敬する人にはついつい畏《おそ》れを抱く。気後れしてしまうのだ。そのため、尊敬する相手に対しては、ラポールのある関係などとても築けないと、はじめからメンターにはなってもらえないとあきらめてしまうのである。これではメンターは死ぬまで見つからない。そこで大事なのは勇気だ。

尊敬するメンターというのは、多くの場合、自分より年長者であり、立場の上の人である。立場の上の人とラポールのある関係を築くことは容易ではない。とかく気後れがする。しかし、思い切って近くに寄ってみると、意外にラポールを築く手がかりが見つかることもある。人間力の高い人生の先輩や先達《せんだつ》と触れ合うのも、自分の人間力を高めるよい修行の機会である。

部下は与えられるもの、フォロワーは勝ち得るもの。

リーダーとは、文字通り人をリードする（導く）人という意味である。

導く人である以上、喜んで、納得して、付いて行く人（フォロワー）がいることがリーダーになるための一丁目一番地だ。喜んで後に付いて来る人（フォロワー）がいて、はじめて導く人（リーダー）となれるのである。

後ろを振り向いたら、誰も付いて来ていないようでは、リーダーになれるはずなどない。

管理職に任命されれば部下が付く。部下は、会社から与えられるものである。部下は上司の指示命令でとりあえず動くが、それは組織の掟であって、部下が「この人に付いて行こう」と自分の意思で上司を選んだわけではない。

真のフォロワーとは「この人に付いて行こう」と自分で考え、決心して喜んで付いて来る人だ。この人なら後に付いて行きたいと部下が判断し、決心するのは、上司の仕事の力量を認め、その人間性を信頼し尊敬できるからである。

部下を与えられた段階では、管理職者は上司であっても導く人であるリーダーとはなっていない。では、どうすれば部下は喜んで付いて来るフォロワーとなるのか。

そのためには、上司が仕事の面でスキルに優れており、結果を出しているうえに、高い人間力をその身に備えていなければならない。部下は与えられるものだが、フォロワーは勝ち得るものなのである。

リーダーの力には、先述したようにスキル（仕事力）とマインド（人間力）がある。人はできる（仕事力の高い）、できた人（人間力の高い人）に魅かれるものである。部下は信頼し尊敬できる人間力のある上司に喜んで付いて行きたいと考える。英語では〝Willing Follower〟と言う。

部下の信頼と尊敬を勝ち得る方法は二つある。一つは、仕事の能力に優れていること、そして実績を出していることだ。もう一つは、人間としてのインテグリティ（高潔さ）だ。人としてウラもオモテもなく、言行が一致している。簡単にはブレない。有言実行であり、言行一致であり、知行合一《ちこうごういつ》である。

こういう人には、部下は喜んで付いて行きたいと思う。フォロワーの数は、その人の能力（仕事力＋人間力）のバロメーターでもある。

90/100
A HUNDRED WORDS

今日の自分は過去の自分の結果、将来の自分は今日からの自分の結果。

サラリーマンの87％は、今の自分や環境に満足していないという。自分は不遇である、他人に比べ見劣りがする、低い評価に甘んじている、上司や仕事に恵まれていない、あげくは社会が悪い、政治が悪いとまで言い出す人もいる。

これらの不満は、当人の本音かもしれない。しかし、いずれも他人や自分を取り囲む環境に責任があり、自分は一方的な被害者であるという思い込みであり妄想である。すなわち「他責」の主張といえる。やれ不運だ、周囲が悪いとばかり言っている他責の人でいる間は、現状の改善は到底望めない。

今日の自分は、過去の自分の結果である。つまり、現在の自分の状況は、それがよいものであれ、よくないものであれ、過去の自分に責任がある。過去の自分が考えてきたことや、行ってきたことの積み重ねの結果が現在の自分だ。責任は自分にあるという「責任自分論」から考えはじめないと、人は成長しない。

人が成長するには「自責」の人でなければならない。人間力を高めるといっても、すべては自責からはじまる。自分に責任を持てないような「他責の人」が、会社に対する責任を果たす人であるはずがない。未来の自分は今から創りはじめることができる。

過去からのゴールラインは現在だが、現在は同時に未来へのスタートラインでもある。他責の人から自責の人になるよう、思考を変えれば行動も変わる、行動が変われば習慣が変わる。習慣が変われば人格が変わる。人格が変われば人生が変わるのである。

今日がいかに不遇と思っても、未来の自分から見れば、ただの通過点にいるに過ぎない。現在の自分が変われば、未来の自分は確実に変わるのだ。世界最高峰（８８４８ｍ）のエベレストの頂上に立つのも、わずか50センチ足らずの歩幅の積み重ねなのである。自責の人は、自分の足で着実に高度を上げていくものだ。人間力もこうして高められていく。

他責の自分を捨てて、自責の人になれば人間力は自ずと高まる。

人間力が上がれば、見える景色も違ってくる。見える景色が違うと考え方も変わってくる。まず過去の自分を認めること、過去の自分に責任を持つこと。そして過去から学ぶこと。そうすれば、その瞬間から世界は違って見えてくる。

91/100
A HUNDRED WORDS

地位が上がり部下が増えるほど、スキルよりマインドが重要になる。

組織の中における立場によって、スキルとマインドの相対的な重要さが変わってくることは、「ジンザイの4タイプ」（32ページ）のところで述べたとおりである。

経営者やリーダーは、みんなから厳しい目で監視されている存在だ。いわばステージに立っているようなものである。このステージはスキルと実績によって築かれている。スキルと実績が高ければ、ステージも高い。しかし、みんなが見ているのは、言うまでもなくステージだけではない。経営者やリーダーという、ステージの上で演技をする、その人自身である。つまり、その人の人間性が信用するに足りるか、考え方や情熱、誇り、人生観、仕事観、倫理観、人間観を総合的に見ているのである。ステージに立つ経営者やリーダーは、部下全員から厳しい、ときに意地の悪い目で人間力を見られているのだ。

ステージが高いというのは、みんなからよく見えるというだけに過ぎない。

人間力は言行、すなわち言葉と行動に表われる。本人にとってはささいなことでも、ステージの上での失敗は信頼を致命的に損ねることもある。

経営者やリーダーは自分がステージの上にいることを忘れてはならない。

〝Walk the Talk.（言ったとおりに歩く＝言行一致）〟が重要となる理由はこのことからもわかるだろう。

シェル石油からコカ・コーラに転職をして、一つの部門の責任者となったときのことだ。私はマーケティングと英語力というスキルと過去の実績を買われて、コカ・コーラへ移った。当然、スキルは部門の誰よりも高く、知識も深かった（と思っていた）。また、ヤッタルデ！　という情熱の火も燃え盛っていた。しかし、新参の部長を迎える部下の態度は冷たかった。私は悩み考えた。

私は言行を改めた。得意のマーケティング論というスキルを振りかざすのはほどほどにして、人生観、仕事観、倫理観を語り、自分の人間性を言葉と行動で示すよう努めた。何よりも部下の言うことに耳を傾けて、積極傾聴を心がけた。その結果、やがて部下から「新さんは変わった」という声が出はじめ、チームの雰囲気は少しずつよくなった。部下の心をつかむのに必要なのはスキルだけでは不十分で、人間力を高めることが重要ということを学んだのは34歳のときである。

92/100
A HUNDRED WORDS

「諫言居士」を尊重せよ！

始皇帝以後、中国に再び統一王朝を建てんと覇を争った項羽《こうう》と劉邦《りゅうほう》の話は、さまざまな物語や戯曲となっている。

最終的には、劉邦が勝利し漢帝国の高祖《こうそ》となるのだが、君主としての実力では、はるかに項羽の方が勝っていたといわれる。その項羽が劉邦に敗れたのは、重臣《じゅうしん》である范増《はんぞう》を失ったからだ。

范増は自分の諫言《かんげん》を聞かない項羽を見限り「豎子（じゅし）与（とも）に謀（はか）るに足らず（未熟者とは相談などできない）」と去ってしまったのである。

日本でも重臣の意見を聞かず敗れた武将がいる。

武田信玄の後を継いだ武田勝頼《かつより》は、勇猛な武将であり、やはり血筋、武力ともに当代一級の将であった。しかし、織田信長・徳川家康連合軍と戦った長篠《ながしの》の戦い以後、坂道を下るように滅亡へと向かって行った。長篠の戦いでは、戦況の不利を説き、撤退を具申《ぐしん》する信玄以来の老重臣たちの諫言を聞かず、戦いを強行し一敗地にまみれたのである。

両者とも、武将としては抜群の人物だったが、諫言を聞く耳は持っていなかった。諫言を聴く耳を持つことも、人間力を養成するにあたり大事な要素だ。

耳に痛いことを言う部下は、大事にしなければならない。なぜなら、経営者は周りがイエスマンばかりだと、現状や現実が見えなくなり、あげくの果てには裸の王様になってしまうからだ。イエスマンは悪い情報を上げない、多くは面従《めんじゅう》腹背《ふくはい》の輩《ヤカラ》である。経営者が判断を誤り、その結果、損失や損害を生じる危険（リスク）があっても、それを正しく報告しない。経営者が自分の間違いに気付いたときにはあとの祭りとなる。

ハイパー円高の影響で会社が危機に陥ったとき、社員の家族から非難の手紙をもらったという経営者がいるが、苦言や諫言には平時から謙虚に耳を傾けておいた方がよい。苦言、諫言、直言《ちょくげん》が遠慮なく上申できる風土をつくるには、制度をつくるだけでは不十分だ。経営者は、苦言、諫言、直言に対し、よく言ってくれたと感謝して受け入れるだけの「謙虚さ」という人間力を培うべきである。

93/100
A HUNDRED WORDS

空気に爪を立てろ。

必ずできるという安易なことだけしかやらずに、一流の腕前を身に付けることができるはずがない。これは人も会社も同じことで、普遍の原理原則である。

できそうにないこと、困難なことに挑戦してこそ人は成長する。確実に達成できることだけしかしなければ、人は永遠にその位置から前進することがない。

自動車が一部の富豪だけが楽しんでいる趣味の道具でしかなかった時代に、もし、ヘンリー・フォードが大衆の乗る車をつくると決心しなければ、今日の自動車社会は（良かれ悪しかれ）訪れなかったかもしれない。

一部の金持ちの道楽でしかなかったフォードの時代には、自動車市場もなければ、大量生産技術もなかった。大衆の乗る車をつくるというのは、まぎれもない未知と不可能への挑戦だったのである。結果、フォードが成功できたのは、何度も会社を興しては失敗したという修羅場で鍛えられた先見性、洞察力、創造力という人間力の持ち主であったゆえだろう。

旧ソ連におくれをとって、まだ三年前にやっと人工衛星を打ち上げたばかりのアメリカで、10年以内に月に人間を送り込むとＪ・Ｆ・ケネディ大統領が宣言したアポロ計画も、また当時はどう考えても不可能に挑戦する計画だった。

一流の人には、一流の人間力がある。一流を目指すならば、できないことにあえて挑戦する勇気と気概を持って人間力を鍛え上げることだ。できることだけをやっていては、結局、二流に甘んじることになる。一見、不可能なことに勇気を持ってチャレンジすることは、結果の如何《いかん》にかかわらず大事なことだ。

あえて〝Challenge the Unchallengeable.〟と言いたい。

私の言う「空気に爪を立てる」とは、不可能なことへの挑戦を意味している。

夢は不可能を可能にする原点である。夢を抱くことで目標が生まれ、目標に挑戦し、達成するプロセスを経ることによって、夢は現実のものとなってくる。所詮夢だ、とてもできないと挑戦をあきらめてしまえば、夢は永遠に夢のままで終わってしまう。

反省はしても後悔はするな。

人は失敗の理由を油断、慢心、あるいは不運などと考える。ときには、いくら考えても理由が見つからない原因不明の失敗もある。失敗の原因・理由はどうであれ、一つだけはっきりしていることがある。それは、成功しようと思えば思うほど、人生には失敗がつきものであるということだ。失敗は成功の一里塚《いちりづか》である。失敗を乗り越えるのも、また人間力である。

剣豪・宮本武蔵の言葉に「我ことにおいて後悔せず」というものがある。失敗したときになすべきは、反省であって後悔ではない。しかし、人は往々にして反省よりも後悔ばかりに片寄りがちだ。後悔する失敗とは、できたはずのことが、できなかったという失敗である。しかし、後悔したところで時間が戻るわけではないのも事実だ。

失敗すると、どうしても無力感に陥り、再チャレンジという勇気を失いがちとなってしまう。やはりダメだったという後からの悔い、後悔とは失敗の後に悔いるという意味だ。後悔だけで終わってしまうと、自分に対する誇りを失う。残るのは無力感と脱力感のみだ。

人は誇りを失えば、自分を信じることができない。どんなときでも自分を信じることができる人は人間力の高い人である。

失敗は、挑戦の結果である。挑戦がなければ失敗はあり得ない。

結果は失敗であっても、そこには挑戦のプロセスを通じた「学び」という名の貴重な財産が残っている。学びは将来の成功のための糧となる。

「失敗」には取り返しがつかないというイメージがつきまとう。むしろ「挫折」と考えるべきだ。失敗はやり直しがきかないが、挫折は一時的なもので、やり直しが可能である。

よしんば失敗と思ったときでも、心得ておきたいことがある。同じ失敗を何度も繰り返してはならない。または失敗から学ぶことである。失敗から学ぶための第一歩は、失敗という事実を認め、正面から向き合うことだ。失敗に、正面から向き合う態度は後悔ではない。反省である。後悔ばかりの人には前進はないが、反省のない人にも成功は訪れない。論語にも「吾日三省吾身（一日三たびよく反省する）」とある。反省し、学ばない人には進歩も前進もない。

トンネルの先の光を示せ、坂の上の雲を描け。

ピンチのときこそ、リーダーの人間力が問われる。

平時や順調なときは、黙って付いて来いと背中で語るのもよいだろう。しかし、ピンチのときや想定外の事態に陥ったときに、黙って付いて来いでは不十分だ。ピンチのときや想定外の事態が起きたときには、みんな不安になり混乱するからである。

ピンチのときには、導く人（リーダー）の言葉と行動が、付いて来る人（フォロワー）の心の支えとなるのだ。心の支えになる言葉と行動が、全員の行く先に灯りを点すのである。行く先が暗闇の中では、みんなの不安は一層高まるばかりとなる。行く先には、光が見えなくてはいけない。そこで重要になるのが、リーダーの納得性の高い説得力である。人に光を感じさせるには、説得と納得が必要だ。説得されると、人は頭で理解するが、納得は心で理解する。腹に落ち腑に落ちる。人を説得し納得させるには、今我々はどういう状況にあるのかという現状認識の共有に加えて、我々はどこに向かっているのか、なぜそこへ向かうのか、そしてどうやってそこに到達するのかという方向性と方法を示すことが、リーダーにとって必要な条件である。これらを一つひとつていねいに説得したうえで、みんなの納得を得て、みんながどの方向に向かうべきかを示す。

ここが、経営者やリーダーの人間としての力量の見せどころだ。

船が嵐に遭ったときに一番怖いのは、針路を失い漂流することである。大きな波に翻弄《ほんろう》されたとしても、目的地に向かう針路をしっかり保ち、目的地までの距離と時間を把握し、そして乗組員各自が嵐を乗り切るために何をすべきか、個々の使命や役割を理解し、必ず嵐を乗り切れると信じていれば、船が沈没してしまうという事態にはならない。

人は自分の役割や使命を強く認識しているときには、たとえ死地《しち》にあっても仕事を放棄することはない。逆に、同じ人間でも役割や使命を失ってしまうと、ただ事態に脅《おび》えるだけの漂流人間となってしまう。

ピンチのときこそ、船長（リーダー）は、船の目指すべき方向性と各自の役割を明確に船員（社員）に伝えることが肝要なのだ。

96/100
A HUNDRED WORDS

自責の風を吹かせよ！

人の集団には、風が吹いている。

集団の中に吹いている風のことを気風《きふう》と呼ぶこともある。会社の中に吹いている風は社風である。会社の中に、恒常的によい風が吹いていると、やがてそれが企業文化となる。よい会社には、例外なくよい文化があるものだ。では、よい風を吹かすためにはどうすればよいのだろうか。

すべては自責からはじまる。

風とは空気の流れである。空気がよくなければ、よい風が吹くことはない。まずは、空気の流れを自責に改めることが大事。集団に漂う空気のことを雰囲気という。淀んだ他責の雰囲気が蔓延しているようでは、到底よい風は吹かない。

雰囲気がよいというと、和気藹々《わきあいあい》の人間関係をイメージしがちだが、目的を持った集団はそれだけでは集団のパワーを発揮できないし、メンバーにとっても物足りない。目的を持った集団づくりには、自責の空気と厳しさと優しさを伴った、信賞必罰《しんしょうひつばつ》が必要なのである。アカウンタビリティー（結果責任）が求められない環境では、結果に対する評価もなければ責任もない。そこには、生き甲斐もやり甲斐も生まれない。

風は空気の流れであるから、自責という空気を動かさないことには風とならない。風を起こす原動力は人間力である。人間力を発揮するには、自らが率先して自責を実践することだ。自責という名の人間力のあるリーダーが自ら動けば、必ず後からついてくるフォロワーが生まれる。多くの自責型フォロワーが生まれることによって、職場全体に自責の風が吹き抜けるようになるのである。

私がかつて行った「挨拶運動」も、「モノ言うチームづくり」も、こうした率先垂範のプロセスによって形ができていった。

たとえリーダーではなくても、自ら職場に自責というよい空気をつくって、その空気を支配し、全体に送り込む送風機となることを目指すべきだ。

送風機のファンを回すパワーの根源は自責の心である。

97/100

A HUNDRED WORDS

人間性とは、信頼と尊敬と意欲の総和である。

人間性が、その人の人間力を支える柱であることは間違いない。

人間性とひと口にいうが、その要件はさまざまだ。どんな人間を相手にしてもふところ深く受け入れてくれる包容力を人間性ということもあれば、正直さや誠実さを人間性と見ることもある。これらは、いずれも「できた人」と称されるための条件だ。

では、人を導く立場の人にとって必要な人間性とは何か。

包容力も誠実さ（インテグリティ）も大事だが、人を導く立場の人、すなわちリーダーにとっては、それだけでは十分とはいえない。

リーダーに必要な人間性とは、みんなが「この人にならいて行きたい」と思うような「人間力」だ。よい人、親切な人という柔らかい人間力だけでは、要件を満たさない。志や信念など、強い人間力が肝要なのだ。

先にも述べたが、リーダーに求められる要件は、「できる、できた人」だ。そのために必要な人間性は、強さと柔らかさ、三つの資質、すなわち信頼と尊敬と意欲が主要な要素となる。信頼できる人とは、コンテンツ（中身・実体）のある人、実績のある人だ。期待を裏切られないという安心感でもある。期待とは、すなわち「できる人」、相手の能力を引き出し発揮させることのできる人だ。この人といっしょにいれば、自分にも利益があると考えるのも期待だろう。利益とは経済的なことだけではなく、この人と一緒に仕事をしていると自分も成長できるという期待を含んでいるのだ。

信頼がさらに増幅して高まると、そこには尊敬が生まれる。

最後の意欲とは情熱であり、向上心である。意欲がなければ、能力はあっても実行が伴わない。意欲は起爆装置なのである。

意欲のある人とは、自分の意欲だけでなく、自分の部下を含め周囲の人の意欲をも高められる人のことを言う。自分の意欲が高いだけなら「できる人」止まりだが、周りの意欲まで高めることができて「できる、できた人」となる。

私利＋他利が尊敬を生む。

人望のある人は他利の人であるとともに、自分のことも成就《じょうじゅ》している私利の人であると先に述べた。

他人の面倒をみる、世話をやくには、まず自分の身を立てて守らなければならない。「一身独立して一国独立す」（福沢諭吉）という言葉もある。人は、自分が悟りを開いた後に、人々を悟りの道へと導くことができる。

肝心なのは、自分の利益（私利）と他人の利益（他利）を両立させることだ。自分のことより、他人に施すことを優先する他利一辺倒の人は、その人の下に人々は集まってくるが、私利を全うしていなければ、自分の立場が脆弱《ぜいじゃく》でフラフラしてしまう。非常に心もとない。

だが、私利私欲だけの人では、人々を導くどころか、誰も寄り付くことさえないであろう。自分を利することもできて、他人も利することができる「私利＋他利」の人が人から尊敬を集め、正しく人々を導ける人なのである。

つまり、人間力とは私利と他利の両立の上に築かれるものだ。

利己的な人に人望がないからといって、それで私利を全面否定するのは間違いである。優れたリーダー像を私利私欲のない人とするのは、歪んだリーダー像をつくることになり、重大な過ちにつながる。

優れたリーダーとは、私利＋他利の総和が大きく、かつバランスがとれている人である。


私利には、正しい私利と間違った私利がある。

間違った私利とは、私利私欲の塊のことだ。かまどの灰まで自分のものというような欲深い人が持っているのが間違った私利である。会社の利益を経営者だけで独占しようとしたり、会社は赤字決算であるにもかかわらず、巨額の報酬をお手盛りで貪《むさぼ》るというのも私利私欲だ。我利我利亡者《がりがりもうじゃ》に近い。

一方、正しい私利の持ち主とは、自分の身を守ると同時に、他の人を利することができる人だ。会社の利益は、会社とそこに働く人が次の段階へ発展するための手段である。そこには将来に向かっての設備投資や人財育成に加え、社員への報酬も含まれる。

99/100
A HUNDRED WORDS

一日四回メシを食え、一度は活字のメシを食え。

ランチョン・テクニックという人間関係をつくる方法がある。

人は心地よい体験の記憶を他のことと結び付けて記憶する傾向がある。したがって、おいしい食事の記憶は、その食事をいっしょにした人のことまで、心地よい記憶として残る。つまり、食事の力を借りて、よい人間関係をつくることをランチョン・テクニックという。私は人と会うときには、食事を共にすることが多い。

俗に挨拶三年、メシ食って三日ともいう。社内のコミュニケーションの品質を上げるにも、ランチョン・テクニックは効果的だ。

しかし、一日四回メシを食えとは、決して過食の奨めではない。

米やパンなどのメシを三度食べることに加えて、一日の食事の四回目のメシは活字のメシを食べようということである。一日に一時間、少なくとも30分、できれば一時間は本を読む習慣を身に付けようというすすめである。

人間力は、人間学を学んだうえで、経験を重ねることで身に付く。人を知ることは、人間学を学ぶための効果的な方法である。

同時に、よい本を読むことも人間学を学ぶために役に立つ。

本を読むとは、必ずしも経営書を読むという有用の学のことだけではない。小説でも、歴史書でも、古典でも、「四書五経《ししょごきょう》」でも、ギリシャ神話でも、一見、経営とは直接関係のない「無用の学」でもよいのだ。

優れた書籍には、ジャンルを問わず人生の真理、人の真実が収められているからだ。

古今の名著、古典を広く読むことで、人と会っても会った人のコンテンツが本物か、そうでないかを見極めるための基本もでき上がる。

一日一時間本を読むと、一年で３６５時間、十年だと３６５０時間となる。

この時間が人の成長に与えるインパクトは、限りなく大きい。「本を読む」という習慣は、人の人生をよいものにするための貴重な財産である。

座右の書のことを「ブックメンター」という。優れた人という意味のメンターと触れ合うと同時に、ブックメンターとも付き合うこともまた、人間力を高めるための安価で効果的な手段・方法なのである。

100/100
A HUNDRED WORDS

利口とバカの違い。

利口な人とは、難しいことをやさしく話すことができる人である。それに対して、バカな人は難しいことを難しいまま話す、あまつさえ、やさしく簡単なことを難しく話す人である。

人の世には、不変の真実、普遍の原理原則がある。複雑で難解な事柄であっても、その核心にある原理原則は突き詰めてみるとシンプルなものだ。

利口な人は、この原理原則がしっかりとわかっている人なのである。したがって、一見すると複雑で難解なことであっても、わかりやすいやさしい言葉で話すことができるのである。

一方、バカな人は、核心にある原理原則がわかっていないか自分に自信がないため、徒《いたずら》に複雑な表面ばかりをなぞり、難解な表現や言葉を多用し、乱用する。聞く方は、ますます混乱するばかりである。こうした、物事の核心には原理原則があるということを発見する方法は、学校で教える勉強にはまずない。

人の世や経営の原理原則を見抜いて分かりやすく説明するには、経験と人と本から学んだ知識と教養と、その結果、養われた人の心を見抜く洞察力に加え、コミュニケーション能力が必要なのである。

また、利口な人は過去の失敗から学んで、同じ失敗を一度以上はしない人でもある。それに対し、バカな人は、失敗から学ぶことができず何も学ぼうとしない。そのため何度も同じ失敗を繰り返す。利口な人には、経験や失敗から学ぼうとする意欲と謙虚さがある。バカな人にはそれがない。

人間性にも利口とバカの違いが出る。利口な人は、人と接するときに余分な自己主張をしたり、虚勢を張ったりしない。自分のありのままの自然体で人に接することができる。

総じて利口な人は、威張ったり虚勢を張ったりしない謙虚な人である。一方、必要以上に自分のパッケージ、すなわち肩書きを強調したり、自分を立派に見せようと妙に尊大に振る舞ったりする人もいる。その人が偉いか、立派かは他人が評価することであり、自分で決めることではない。愚かとしか言いようのない、まさに「愚行《ぐこう》」である。

おわりに

「人間五十年、下天の内をくらぶれば、夢幻の如くなり。一度生を得て、滅せぬ者のあるべしや、螺《ら》ふけ、具足《ぐそく》をよこせ」

織田信長が好んで謡った敦盛《あつもり》の一句である。どうやら信長の時代（一五三四〜一五八二年）の人間の寿命は、五十年であったらしい。

ところで、この本を書いている現在の私の年齢は七十九歳である。信長の時代の平均寿命である五十歳をはるかに越えている。気の遠くなるような長い（考えようによっては短い）人生の中で、私は多様な経験を積んできた。いわゆるグローバル・エクセレント・カンパニーの日本法人で社長を三社、副社長を一社で務めた。現在は、数社の日本企業の社外取締役の仕事にあたっている。月に十回ほどの講演や研修を行い、人材育成の責を果たしている。

半世紀以上に及ぶ長いビジネス経験と、もっと広い意味の人生経験からは、さらに多くのこと学んだ。学びの源の中で最も影響力が強かったのは、第一に少しばかりの成功と、数多くの失敗を伴った「経験」である。第二が信頼・尊敬できる先輩や、先達という「人」だ。そして最後が「本」である。この三位一体が私の人生の師であり、メンターである。

「仕事と人生を劇的に変える100の言葉」というタイトルのこの本は、私が悩み、苦しみ、もがきから、とりあえず85％ぐらいの満足度を感じることができるビジネス人生と、人間としての人生を築くうえで、私の実体験の中から紡ぎ出した数多の言葉の中から厳選・特選した、私のオリジナルの100の言葉である。

「日の下に新しきものなし」（There is nothing new under the sun.）という言葉がある。世の中には、人の度肝を抜くような全く新しいものは存在しない。〝発見〟と称するものでも既存の考え方の組み合わせか、掛け合わせか、修正である。そう考えてみると「私のオリジナル」と威張ったり豪語したところで、同じような内容のことを違う表現（もしかすると同じ表現）で言葉にしている人がいるかもしれない。その場合は〝恐れ入りました〟と頭を下げるしかない。

ただ、ひとつだけ声を大にして述べたいのは100の言葉には私の心からの本音がこめられているということである。「似た言葉探し」という魔女狩りに大切な時間を無駄にせずに、一つひとつの言葉とその背景にある考え方をスンナリ素直に受けとめ呑み込んでいただきたい、というのが私の願いである。


人生経験は読む力を強くする。

若いころに読んだ本を、後年、改めて読んでみると、かつては見落としていた点に気付き、印象が大きく変わることがある。新たな一面を発見することで、作品の様相が異なって見えたり、より豊かな世界を知ることもある。

私も、かつて読んだピーター・F・ドラッカーの言葉を読み返すと、いまになって、また、そこに新しい意味を発見することがある。読み手の人生経験の豊かさと、言葉の解釈の深さには相関関係があるようだ。経験を重ね、年輪を増すと、同じ言葉であっても常に新鮮な発見があるのだ。

本書で取り上げた100の言葉も、読者の成長によって、書き手である私自身も気付かなかった意味が発見されるかもしれない。同時に、読者の成長を促進するためのことばのメンターとして役に立つかもしれない。

願わくば、この本も一度読まれてそれだけで終わることなく、読者の手元に残り、人生の折々に読み返され、その度ごとに新たな発見があるような、人生とビジネスの「経営」に資するブックメンターであってほしい。

本を選ぶのは読者だが、実は本もまた読者を選んでいる。

本書の読者が、自分の人生を主体的に、建設的に、正しく生きようとしている人であることは、そもそも本書を読もうと決心したという事実が明々白々に物語っている。仕事に行き詰まったとき、人生に疲れたとき、励ましや指南が必要なとき、再び本書が手に取られることを祈念してあとがきとしたい。

最後に繰り返す。

「人は、結局、思ったとおりの自分になる」（ゲーテ）

【著者紹介】

新　将命（あたらし　まさみ）

株式会社国際ビジネスブレイン代表取締役社長。

1936年東京生まれ。早稲田大学卒。シェル石油、日本コカ・コーラ、ジョンソン・エンド・ジョンソン、フィリップスなどグローバル・エクセレント・カンパニー6社で社長職を3社、副社長職を1社経験。2003年から2011年3月まで住友商事株式会社のアドバイザリー・ボード・メンバー。2014年7月より株式会社ティーガイアの非常勤取締役を務める。

現在は長年培ってきた豊富な経験と実績をベースに、国内外で「リーダー人材育成」を使命にあらゆる活動に取り組んでいる、まさに「伝説の外資系トップ」と称される日本のビジネスリーダー。

実質的内容の希薄な虚論や空論とは異なり、実際に役に立つ“実論”の提唱を主軸とした独特の経営論やリーダーシップ論は、国内外のビジネスパーソンから圧倒的な支持を得ている。また、自身の経験に基づいた独特の語り口とその濃密で奥深い内容は、経営幹部層や次世代のリーダーの間で絶大な信頼と人気を誇っている。

主な著書に『経営者が絶対に「するべきこと」「してはいけないこと」』（アルファポリス）、『経営の教科書』『伝説の外資系トップが説く リーダーの教科書』『経営の処方箋 社長の悩みに効く67のアドバイス』（いずれもダイヤモンド社）などがあり、その他著書は多岐に渡る。

その経験に裏打ちされた原理原則とバランス感覚を軸に経営と人生を説く、日本を代表する実践的ビジネスメンターの一人である。

メールアドレス：atarashi-m@sepia.plala.or.jp

仕事と人生を劇的に変える
100の言葉

新　将命 著

2016年 7月 31日初版発行

編　集－原　康明
編集長－太田鉄平
発行者－梶本雄介
発行所－株式会社アルファポリス
〒150-6005 東京都渋谷区恵比寿4-20-3 恵比寿ｶﾞｰﾃﾞﾝﾌﾟﾚｲｽﾀﾜｰ5F
TEL 03-6277-1601（営業）03-6277-1602（編集）
URL http://www.alphapolis.co.jp/
発売元－株式会社星雲社
〒112-0012東京都文京区大塚3-21-10
TEL 03-3947-1021
装丁・中面デザイン－ansyyqdesign
印刷－中央精版印刷株式会社

価格はカバーに表示されてあります。
落丁乱丁の場合はアルファポリスまでご連絡ください。
送料は小社負担でお取り替えします。

ISBN 978-4-434-22295-5 C0034